チームの力を引き出す
IT指揮官

新時代で成功するプロジェクトマネージャーのチーム作り

PROJECT MANAGER

塚原 厚

ビジネス教育出版社

まえがき

以前のやり方が通用しないＩＴプロジェクト

期限のあるゴールが明確に示されている業務を「プロジェクト」と呼びます。例えば、ソフトウェア開発、ＩＴサービス導入、広告やコンテンツの制作、工場の立ち上げなどがこれにあたります。

今、世の中にはプロジェクトがあふれています。

ＶＵＣＡ時代――先が見通せず、目まぐるしく変化する経営環境に機敏に対応するため、組織の変革は日常になりました。迅速な変革のための業務が大小様々なプロジェクトとして編成され、実施されています。

プロジェクトには、ゴールの達成に責任を持つ「プロジェクトマネージャー」が任命されます。プロジェクトマネージャーはプロジェクトのゴールを、期限内に、そして、予算内に達成するために、ゴールに到達するための活動を計画し、プロジェクトメンバーを集め、チームを組成し、推進します。

プロジェクトの計画や推進に関する関連書籍も多数出版されています。「プロジェクト管理」で検索してみると、大量の書籍がヒットします。これほど多くの書籍が出版されるほどにプロジェクトを学びたい人がいるのかと思うと、プロジェクトが日常的になってきていることを実感します。

私も知識のアップデートのためにこれらの書籍に目を通しますが、最近、大切であるにも関わらずそれほど言及されていないことがあると感じるようになりました。それは「どうやってプロジェクトチームを作り運営するのか」ということです。実際のプロジェクトはひとつとして同じものはありません。チーム作りや運営もひとつひとつのプロジェクトの状況に応じて変わりますので、どこでも適用可能な方法論を記述すると膨大な情報量となりますし、さらにそれでも完全にはならないかもしれません。このような困難さを理解しながらも、特に、初めてプロジェクトを任されたプロジェクトマネージャーが、どのようにメンバーを集め、チームとしてパフォーマンスを上げるのかを考えるガイドがあったらよいのにと思うようになりました。

昨今のＩＴプロジェクトにおいては、ＩＴシステムを使う企業（ユーザー企業）、ＩＴシステムを作る企業（ベンダー企業）の２つの企業が協力して、プロジェクトを推進するケースがほとんどです。厳密には、ユーザー企業のシステムをユーザー企業の得意先、取引先の従業員や関係者が利用することも多いのですが、本書ではこれらユーザー企業の関係者をも含んで、ユーザー企業と呼びます。ユーザー企業のプロジェクトマネージャーは自社事業に寄与するＩＴシステムを実現すべく、社内外から仲間を集めてチームを組成し、プロジェクトを成功に導くことが期待されています。

しかしながら、ＩＴ業界で人材を集めてチームを組成する方法は、時代とともに移り変わります。特に２０１０年代には大きな変貌を遂げました。以前成功したやり方が今後のプロジェクトを成功に導くものとは限りません。社会的な変化に応じた新たなやり方も採り入れる必要があります。

２０１０年代以前のＩＴプロジェクトは「実績のあるベンダー企業を選ぶ」ことが成功への近道でしたが、これからはこれに加えてもう一工夫必要です。

雇用環境が大きく変化した現在は、実績のあるベンダーであったとしても、実際にプロジェクトを成功に導いた人材、真にノウハウを持つ人材は、いつまでもそのベンダーに留まるとは限らないからです。

25年のプロジェクト経験

申し遅れました。私は株式会社エル・ティー・エス ソフトウェアテクノロジーでは代表取締役社長を、親会社にあたる株式会社エル・ティー・エスでは常務執行役員を務めております塚原厚と申します。

私は１９９９年に大学を卒業し、外資系の総合コンサルティングファームに組織人事分野のコンサルタントとして入社し、組織変革のプロジェクト、事業戦略のプロジェクトに従事しました。その後、同社で出会った上司・先輩に誘われ、eラーニングのインターネットベンチャーに転職したのですが、この会社はＩＴバブルの崩壊に伴って事業を凍結します。その後、同社に所属していたメンバーがスピンオフして会社を設立しますが、半年ほどで事業停止に至りました。

そして２００２年に、７人の仲間とともに設立したのが現職の株式会社エル・ティー・エスです。会社設立の背景にあったのは、前職で関わっていたお客様のプロジェクトを完遂したい、という想いです。近年は大手企業がベンチャーと契約して一緒に仕事をする、というのは当たり前の風景となりました。むしろ、独自の技術や製品を持つベンチャー企業の力を活用せず、自前にこだわりすぎることで取り組みが遅れることがわかってきました。しかし、２０００年頃、今からわずか25年ほど前は、設立したばかりのベンチャー企業にとって大企業との取引は高いハードルでした。

１００社に出会い、50社に話を持ち掛け、20社に頼み込んで提案しても、真剣に検討してくれるのは5社くらい。提案を高く評価していただいても最終局面で契約に至らないことを何回も経験しました。「ご提案の内容、コスト、進め方、ゴールへの洞察や理解、そして担当者の熱意に至るまで貴社のご提案は他社よりも高く評価しています。でも、うちは設立数年のベンチャー企業とは契約できません」とお断りされるのです。

そんな中でも付き合ってくれる大手企業がありました。社内から「あの会社は何者だ？」「ベンチャー企業で大丈夫か？」という声は多く上がったはずです。そんな声がある中、当時のプロジェクト責任者の方は、多方面に調整してくださいました。そこまでして、たどりついた仕事の舞台から、事業凍結という私たちの一方的な理由で契約から降りることは本当に申し訳なくて忸怩《じくじ》たる思いでした。そこから私たち自身が「その舞台で勝負したい」という思いを再確認して新会社を設立することにしました。

それから20年以上が経ちますが、コンサルティングからシステム開発、さらにはプラットフォーム事業とサービス範囲を広げながら、多くの仲間とともに、お客様のプロジェクトを成功に導くべくチャレンジを続ける毎日を過ごしています。

プロジェクトの成功が未来の可能性を広げる

本書のテーマは「ITプロジェクトを成功させるチームを作り、運営すること」です。時代が変わり、人が流動化しているIT業界でプロジェクトを成功に導くためには、プロジェクトマネージャーは適切な人材を集め、配し、フォローし、成長を促しながら、プロジェクトを成功させるための役割を担ってもらわなければなりません。そして、これこそがプロジェクト責任者として、プロジェクトを率いるということに他なりません。

プロジェクトでの活躍を期待できる人材（以降、「ハイポテンシャル人材」と呼びます）に集まってもらっただけでは、プロジェクトを成功させるチームにはなりません。ハイポテンシャル人材が『実際に』そのプロジェクトで活躍しプロジェクトの成功に貢献すること、すなわちハイパフォーマーになる必要があります。

プロジェクトマネージャーがどれだけ力を尽くしても、ハイパフォーマーの貢献なくして、プロジェクトの成功はありえません。規模が大きく、複雑で、困難であればあるほど、多くのハイパフォーマーが必要です。

難しい局面でも周囲を鼓舞するメンバー、状況をリアルタイムに把握し神経系統として活躍するメンバー、適切な人材配置・予算配置を提言するメンバー、チームの技術基盤を整備するメンバー。こうしたメンバーは全員ハイパフォーマーであり、チームの中核です。

プロジェクトマネージャーは、社内外を問わずチーム全員のパフォーマンスについて責任を負います。とりわけ、重要な役割を果たすハイパフォーマーとしての活躍箇所を見極め、ハイポテンシャル人材を集め、配置することはプロジェクトマネージャーの重要な役割です。

しかしながら、実際の現場では、ハイポテンシャル人材と言えどもハイパフォーマーとして活躍することは簡単なことではありません。特に長期にわたるプロジェクトで常に高いパフォーマンスを維持し続けることは容易ではありません。

本書では、プロジェクトマネージャーがプロジェクトを成功に導くためにはどのようにチームを作り、運営すればよいのか、その疑問を解決すべく試行錯誤を重ねた私の経験をお伝えします。

私は、本書を手に取ってくださった皆さん、とりわけプロジェクトに関わる皆さん一人ひとりに、プロジェクトを成功させるプロジェクトマネージャーとして活躍してほしいと願っています。新規事業、事業変革、事業撤退（売却・再編）などの多くのプロジェクトにとって、ＩＴはプロジェクトを成功に導く重要な要素です。ユーザー企業にいる皆さんにも、こうしたプロジェクトに関わり、成功させることが期待される機会は多くあると思います。

困難であればあるほど、複雑であればあるほど、こうしたプロジェクトで成果を上げることは、ビジネスパーソンとしての実力の証明となり、社内はもちろん、社外からの注目を集めます。社内であれば、重要な役割を任され、抜擢される契機になるかもしれません。社外からはヘッドハントの対象になるかもしれません。皆さんが、ＩＴプロジェクトを成功させることでキャリアの可能性を広げ、より豊かな人生を歩んでほしいと心から願っています。

塚原　厚

まえがき

第1章　ＩＴプロジェクトを取り巻く環境

第2章　プロジェクトを成功させる

第４章　チームを伸ばす

第5章　不測の事態に備える

あとがき

第１章

ITプロジェクトを取り巻く環境

かつてエンジニアはユーザー企業の社員だった

「ITプロジェクトにはベンダー企業の選定が大切で、適切なプロセスを踏んで優秀で実績のあるベンダー企業と信頼関係を作ることが最も重要だ」

もしかしたら、こんなことを耳にしたことがあるかもしれません。もちろん、今でもベンダー企業選定は重要ですが、それだけではありません。

本書の底流をなすテーマは、ベンダー企業も巻き込んだプロジェクト全体のチームビルディングです。プロジェクトは、プロジェクトを成功に導くために社内外のハイポテンシャル人材を結集することから始まります。

なぜ、そのようなアプローチに目配せする必要があるのでしょうか。

「情報システムの使い手であるユーザー企業を支援し、情報システムの作り手として活躍するベンダー企業」という構図は当たり前のように感じるかもしれませんが、こうした関係が主流になったのは１９９０年代です。それ以前はユーザー企業の社員たちが開発を担っていました。

現代的な意味でのコンピューター、電子式自動計算機の歴史は、１９４６年に開発されたＥＮＩＡＣ（米国陸軍が資金を提供し、ペンシルバニア大学が設計・開発）から始まります。この頃のコンピューターは計算処理に半導体ではなく、真空管を使用しており、今、私たちが使う電卓レベルの性能で体育館の半分くらいのサイズが必要でした。当時は、大学や政府の研究施設で開発・運用されて、政府統計や軍隊における弾道計算に使われました。この技術が民間にも転用され始めたのは、１９５０年代です。そして、半導体の登場によって計算能力が大幅に向上し、それまでよりも大量の処理ができるようになっていきました。

１９６０年代に入ると商用開発、商用利用が本格化していきます。企業などの巨大組織の基幹情報システムとして使われる、大型汎用のコンピューターは「メインフレーム」と呼ばれます。

１９６０年代から１９８０年代はメインフレームの全盛期です。この時期、アメリカＩＢ

M社は圧倒的な存在であり、競争相手とIBMは白雪姫に見立てられ「IBMと7人の小人」と呼ばれました。日本では1960年代に入ると米国企業の特許許諾を受けて、日立、NEC、富士通、東芝、松下、三菱、沖電気が市場に参入し1970年代には政府支援を受けてコンピューター国産化が進みました。

1960年代から1980年代の30年間、メインフレーム時代のベンダー企業（メインフレームのコンピューターハードを開発・販売する「メーカー」）とユーザー企業側の関係性を見てみると、当時のベンダー企業の主要な役割は、ハードウェアの提供にありました。この頃のハードウェアは非常に高価であり、情報システム投資において最も大きな比率を占めていました。高価なハードウェアの付属品として、OSなどの基本的なソフトウェアやそれらの取扱説明書、ソフトウェア開発のためのプログラミングなどのトレーニングが提供されていました。

そして、メインフレームの計算能力をユーザー企業の業務に適用するためのソフトウェアを開発するのはユーザー側の役割でした。ソフトウェアの要件定義、設計、プログラミング、テストはユーザー企業自身が実施していました。
ユーザー企業は情報システムの導入を決定すると、まず、ソフトウェアの開発体制を社内に構築します。例えば、社内の事務設備整備を担当する総務部門や経理部門などの対象業務の中心的な担い手である部門にチームを設置する、または、これらの部門に所属していた社員を集めて新たに情報システム部門を組成し、開発体制を構築します。それまでコンピューターに触れたこともない社員たちは、ベンダー企業の提供するトレーニングを受け、ベンダーから派遣される専門技術者の助力を得て、自社の情報システムを構築し、運用します。

このように、1960年代から1980年代は、ユーザー企業が自社社員を中心としたソフトウェア開発体制をもっていました。この点からだけでも、エンジニアの多くがベンダーに所属している現代とは異なる環境にあったことがわかります。

ハードウェアからソフトウェアへ

1980年代はこうした状況が徐々に変化し始めた時代です。変化の背景にあったのは、コンピューターの高性能化・小型化、そして、低価格化です。

1970年代に、コンピューターのラインナップが増え、廉価機が出現したことで、従来メインフレームでは費用対効果が見込めなかった業務処理でも、部門ごと、地域ごとにコンピューターの導入が可能になっていました。そこで活用されたのが分散処理の技術です。

分散処理とは、例えば、データ管理などを担う「サーバー」と、データ入力や出力のリクエストをサーバーに出したり、そのデータを加工・計算して画面に表示したり、プリンタに出力する機能を受け持つ「クライアント」をネットワークでつないで行う処理のことです。

1980年代に、コンピューターの高性能化・小型化・価格低下がさらに進んで、サーバーもクライアントも強力なものに進化しました。1980年代後半になると、パソコンの性能向上に伴い、廉価なパソコンがクライアントの主流となっていきます。

この時期、重要なことは、これらのサーバー、クライアントに使われた技術がいわゆる「オープンな技術」であったことです。ソフトウェアテクノロジーにおける「オープンな技術」というのは、「環境制約がなく（または少ない環境制約で）動作する」ことを意味します。

メインフレームは、生産者であるハードウェアメーカーの仕様に基づくもので、基本的に各社の仕様はバラバラで、ハードウェアメーカーは、独自にコンピューター（CPUなどのハードウェアやOSなどのソフトウェアの両方）を進化させました。メインフレームの時代は、OSをはじめとするソフトウェアは、特定のメーカーのハードウェアでしか動作できなかったので、ハードウェアが環境制約になっていましたし、それがハードウェアの価格維持につながっている側面もありました。

ユーザー企業の目線で言えば、メインフレームを他社製に変更するハードルが非常に高い、つまりスイッチングコストが高い状況で、ハードウェアコストが高止まりしています。「オープンな技術」は、複数のハードウェアで動作するものとして登場し、ハードウェアの価格破壊をもたらしました。代表例が「ＵＮＩＸ《ユニックス》」というＯＳです。ＵＮＩＸはマルチタスク（複数の処理を1台のコンピューターで同時に実行する）・マルチユーザー（複数の人間が1台のコンピューターを同時に使用できる）への対応という特徴を持ち、１９６０年代に米国ベル研究所で研究が進められたのですが、ベル研究所の親会社であるＡＴ＆Ｔの独占禁止法の関係から商用利用がスムーズに開始されず、学術研究用に無償で配布されました。その後、ベル研究所や大学研究者たちによって改良され、様々なハードウェアで動作するようになり、通信機能も付加されて、サーバーやクライアントに相応しいＯＳとして進化しました。現在も、ＵＮＩＸは、商用ＯＳやオープンソース（Linux など）に派生し、使用されています。

同じ頃に台頭した、半導体専業である Intel やＡＭＤなどのＣＰＵ、このＣＰＵで動作するＵＮＩＸ、Microsoft の Windows といったＯＳは、ハードウェアメーカーを問わない「オープンな技術」であり、サーバーとクライアントによる分散処理のシステム開発の流れを後押ししました。ハードウェアが大規模なメインフレームから相対的に規模の小さいサーバーやクライアントに変わっていったという意味で、「ダウンサイジング」と呼ばれたこの流れの中で、ソフトウェア開発において、汎用的に使われるソフトウェア機能が製品として提供されるようになり、ソフトウェア的な「オープンな技術」が台頭します。最も成功した例としては、データベース管理ソフトのＯＲＡＣＬＥ《オラクル》社（アメリカ）、会計を中核においた企業の基幹業務処理ソフトのＳＡＰ社（ドイツ）が挙げられます。

１９８０年代後半からの同じ時期、これら「オープンな技術」の活用を強みとしたソフトウェアサービス事業者が登場し、ユーザー企業のソフトウェア開発を支援するようになります。この時代の転換点を象徴する出来事と言えばＩＢＭの構造改革です。巨人ＩＢＭが１９９１年に創業初の赤字28億ドルを計上し、さらに１９９３年までの３年間で総額１５０億ドルの累積赤字に陥ったことで、外部からルイス・ガースナーを会長兼最高経営責任者（ＣＥＯ）として招き、事業構造改革を断行しました。利益率90％と言われたメインフレーム提供一本の事業モデルからソフトウェア開発というサービス提供事業者への転換を目指しました。メインフレームを提供していた他のベンダー企業もソフトウェア開発サービス事業を成長させるため、それまで活躍していたハードウェア技術者を削減し、ソフトウェア技術者の育成・確保を進めました。

オープンな環境下でソフトウェア開発を支援するコンサルティング会社やシステムインテグレーター（SIer）の勃興はこの時期に起こっています。ＩＢＭのように従来のメインフレームメーカーもソフトウェア開発支援サービスの強化に動き、大規模なユーザー企業も子会社などを通じて参入を果たし、現在にもつながる主要プレーヤーが出そろいます。この時期にソフトウェア開発支援サービスに参入し、２０００年代を通じて急成長を遂げたのが、グローバルトップの総合コンサルティング会社アクセンチュアです。

ハードウェアを作る会社ではなく「ソフトウェアを作る会社」が業界の主導権を取り始め、ユーザー企業は「どのベンダーにソフトウェア開発を任せるか」によってプロジェクトの成功が決まる時代に入っていきます。

プロジェクト成功のために「どのベンダーを選ぶか」

１９９０年代は、ダウンサイジングの流れの中でハードウェアメーカーからソフトウェア開発支援サービス事業者に業界の主導権が移っていきます。この頃、日本経済はバブル崩壊という大きな試練に直面します。１９９０年代前半に土地バブルや株バブルが崩壊した直後は小康を保っていましたが、１９９６年の消費増税、１９９７年のアジア危機によって急速に経済環境が悪化し、日本企業は軒並み業績を落とします。金融ビッグバンと呼ばれた金融制度改革によって日本企業への投資を増やした外国人投資家によって、経営陣は業績向上を強く求められる時代背景もあって、日本企業は生き残りをかけて経営改革に取り組んでいきます。当時、日本企業の３つの過剰（設備、財務、人員）が叫ばれ、特にそれまで大企業が躊躇してきた人員削減についても「勇気ある英断」という雰囲気が醸成されて、「リストラ」という言葉が流行しました。

ユーザー企業が育成してきた、情報システム部門もコストカットの例外ではなく、緩慢に解体されていきます。例えば、子会社化した上で、SIerとの合弁や売却、長期アウトソース契約に基づくアウトソースベンダーへの出向、情報システム部社員の異動や新規雇用停止といった手が打たれて、その結果、IT産業の将来に可能性を感じていた社員の外部流出も進みました。情報システム部門のリストラは、ユーザー企業の情報システム開発・運用能力の弱体化を招き、また、情報システム開発・運用を新たに登場したコンサルティングファームやSIerに委ねるという日本における特徴的な構図を決定づけることになります。

１９８８年にアメリカで商用開始されたインターネットは、日本では１９９５年のWindows95発売によって一般の人でもわかるブームになり２０００年頃のＩＴバブルにつながります。３つの過剰のリストラを進めていた日本企業は、情報システム部門のコスト削減を進める中で、インターネットやＩＴへの思いきった投資で先行する機会を失ったようにも見えます。

「ベンダーがシステム開発を担う」が定着した2000年代

ユーザー企業が自社の情報システム開発をコンサルティングファームやSIerに委ねるという流れは2000年代早々に定着していました。以降、ユーザー企業の情報システム開発の中で、最も大切な意思決定の1つは、システム開発を託すベンダー選びとなります。

自社の情報システム開発能力は限られているため、自社能力を超える部分を外部に委ねます。基幹システム開発のような大規模プロジェクトでは外部に委ねる部分も大きくなり、プロジェクトの成功確率を上げるには、いかにして適切なベンダーをパートナーとして選び、いかにして良好な関係を構築し、いざというときにこちらの都合を汲んで動いてもらえるようにコミュニケーションしておくことが重要となります。

加えて、財政的にも情報システム投資が困難な時期が続きます。3つの過剰に苦しんだ2000年前後、インターネットバブル崩壊に苦しんだ2000年代前半、リーマンショックに端を発した金融危機に苦しんだ２０００年代後半、東日本大震災・タイの洪水や異常気象に苦しんだ２０１０年代前半。長期化したデフレ経済も相まって、日本企業が苦しむ時期は長く続きます。情報システム領域の投資はその必要性を認識しながらも、コスト削減を優先せざるを得ませんでした。無駄を抑えた、なるべく少ない予算で情報システムを開発・運用するということが沁みつき、それは自ずとベンダーとの関係、ベンダーの行動様式にも影響していきます。

２０００年頃には、ほとんどの企業が会計システムを始めとする基幹システムの導入を完了していました。その後、一度導入したら10年以上も使い続け、保守期限切れで作り直すときは「同じ機能にして必要最小限の金額で作る」という方針も珍しくはありませんでした。情報システムは、一定期間で再構築しないと、テクノロジーが古くなって技術者が少なくなる、保守性が下がる（改修する時の調査・調整の手間が増える、仕様を熟知した人が減る）といった弊害を理解しつつも投資の優先順位を上げられない、という時代でした。この頃のユーザー企業の情報システム面の取り組みは、連結決算、内部統制対応、ＩＦＲＳ対応といった制度対応が多く、同時にコンサルティングファームやSIerのビジネス機会となっていました。

その間、テクノロジーは進化して、プレーヤーも変化していきます。一例としては、Salesforce.comやAmazonのＡＷＳ（Amazon Web Services）といったクラウドコンピューティングの出現が挙げられます。登場当初のクラウドコンピューティングは、低価格性にメリットを見出す一方、安定性やセキュリティなどの懸念から積極活用には二の足を踏む企業も多くありましたが、その後、こうした懸念は払拭され、クラウドファーストという考え方も一般化して現在に至ります。

転換点を迎える２０１０年代

ベンダー依存の流れが変わり始めたのは２０１０年代に入ってからです。きっかけは、テクノロジーの進化とそれによる社会の変化です。

１つめに、スマートフォンの普及が挙げられます。スマホ以前、個人がインターネットに接続するのは自宅に持っていたパソコンからでした。インターネットサービスは便利ではありましたが、全世帯にパソコンがあったわけでもありませんし、1台のパソコンを家族で共有していました。2013年頃までに、1人1台のスマホを持つようになって、インターネットに接続する人口と接続する時間が劇的に増大しました。スマホの登場によって、企業と消費者、企業と取引先がインターネット上で常時つながるようになっていきました。

次いで、「ビッグデータとAI」の活用が挙げられます。インターネットが人々の生活に深く根差すことで増大したデータ群（ビッグデータ）とクラウド上のほぼ無限ともいえる計算リソースが組み合わさることで、従来、構想されても、データ不足と計算リソース不足によって実現できなかった、「AI」が実現していきます。2012年「Google の猫」がIT業界をにぎわせました。Goole のAIが「人が教えることなく自律的に猫を認識することに成功した」というニュースは世界中のAIの開発者・学者に大きな衝撃を与え、また、そのニュースのわかりやすさとキャッチーさから世界で取り上げられました。

そして、2010年代中盤以降はクラウドコンピューティング大普及の時代になっていきます。クラウドコンピューティングとは、インターネット環境下で共有された、サーバー、ストレージ（記憶装置）、ネットワーク、データベース、ソフトウェアなどのコンピューター資源を利用することです。そして、企業の最大の懸念事項になりつつあった、「セキュリティ」に対して、大規模投資によって対策されているクラウドコンピューティングが効果的と認識されるようになりました。ユーザー企業の情報システムを攻撃するクラッカーは個人や反社といった団体ばかりではありません。時には、国際犯罪組織や国家レベルで組織化された専門家集団による攻撃にさらされます。このような攻撃からの防御を考えるにあたって、1企業だけで行動するのではなく、クラウド事業者の高度で強力な技術力を活用したほうが効率的です。

さらにこれらを組み合わせた、新しいテクノロジーやサービスが続々と生み出され、あっという間に普及していきます。この10年のIPO企業のリストを見ると、IT関係の事業者の多さに驚きます。そして、こうしたIT業界の変化の中で多様なIT事業者が勃興し、あるいは凋落し、結果としてIT人材の流動化が進みました。

スマホ、AI、クラウドコンピューティング、そして国内外で加速する技術革新という流れ、そして後述する社会の流れの中で、これまでと同じようなベンダー頼みには軋みが生じています。ユーザー企業同様に、どんな大手のコンサルティングファームやSIerであれ、技術革新に追随する難度は上がっています。引き続きベンダー選びの重要性は変わりませんが、それだけではプロジェクトが成功できるとは限らなくなってきています。これからのプロジェクトマネージャーはこの時代の流れと変化を理解した上で、流動化した人材へのアプローチを加味しつつ、ベンダーと一緒になってプロジェクト体制を作ることが必要になっています。

ベンダー企業への期待

情報システム導入をしたいユーザー企業がソフトウェア開発事業者をベンダーとして選ぶ発想が始まったのはダウンサイジングの流れの中にあった1980年代後半頃です。それ以前は自社社員がソフトウェア開発をする発想でしたが、情報システム子会社、SIer、コンサルティングファームなどのソフトウェア開発サービス事業者を使う選択肢が生まれていきました。この時、ベンダー選定が重要だったのは、ユーザー企業の情報システム開発にとって不可欠で、そして、ユーザー企業が失いつつあったものが、ベンダーに蓄積されていたからです。ベンダーが蓄積していた財産とは、類似の情報システム構築のノウハウと人材です。

例えば、ユーザー企業である製造業A社は、X社に生産管理システム開発を委託し、X社はBさんをプロジェクトにアサインし、生産管理システムを開発します。Bさんはシステム開発を通じて、A社の生産管理業務に精通し、それに適した生産管理システムの全体像を描き、個別の機能を設計し、実装・テストします。このBさんの経験にはA社の生産管理システム開発のノウハウが含まれていて、X社はBさんのノウハウを会社として再活用できるように環境を整備します。

情報システム構築のノウハウとは、大きく3つの知見として表現できます。「当該事業の知見」「当該業務の知見」「当該・類似システム仕様の知見」です。

事業の知見とは、その事業体の事業モデル、事業環境、取引関係、競合関係、トレンド、経営課題に関する知見です。皆さんに身近と思われるコンビニを例にとると、「フランチャイズ」「プレーヤーは大手3社と中堅各社」「競争優位は商品・サービスと店舗ネットワーク」「取引先は加盟店と商品サービスのサプライヤー」といった業界構造のことであり、契約形態といった詳細まで含みます。

業務の知見とは、どのような業務がなされているのかという知識と今後どのように進化するべきかという洞察を含んでおり、システム開発の核となります。製造業であれば、製品を開発し、開発したものを生産する。生産のために資材を調達し、資材をラインで加工・組み立てを行い、完成した製品を販売して出荷する、という業務があります。販売においても代理店があるのか、卸業者を通しているのか、直販なのかで、契約の仕方も異なり、情報処理の仕方も異なります。

システム仕様の知見とは、ある業務を実現するための情報システムの機能についての知見です。製造業がある商品を同じ小売を通じて販売する場合であっても、卸売りしているのか委託販売なのかでデータの管理方法は変わります。卸売りなら小売店の検収後は法的な情報管理の義務はありませんが、委託販売であれば商品が委託先販売店の棚に並んでいる状態であっても「自社の在庫」として認識し、在庫管理を行わなければいけません。システム仕様の知見とは、このように「その会社の業務を実施するためにはどんなデータと処理が必要か」を理解することを意味します。

そして、これらの情報システム構築のノウハウをベンダー企業が蓄積する方法は2つ。「人」と「情報資産」です。

「人」は先述の通り、情報システム構築のノウハウを持っている人のことであり、このような社員が所属していること自体がベンダーの優位性につながります。ユーザー企業の期待値もBさんのプロジェクト参画ということは多いですし、実際のプロジェクトでBさんが陣頭指揮を取るということは、ユーザー企業にとっても安心材料の1つです。

「情報資産」はプロジェクトの計画・実行によって、さらにノウハウの維持強化を目的とした活動によって生み出された再利用可能な文書などです。先述のA社の例では、生産管理システム開発時のプロジェクト計画書、要件定義書、設計書、再利用可能なプログラム、テスト仕様書、テンプレートとその使い方の解説書、その他ノウハウをまとめたノウハウ集などが考えられます。X社などのベンダー企業はこれらが再利用しやすいように管理し、ケーススタディーなどを通じて社員の実践力を育成し、多岐にわたる方法でノウハウの伝承・強化を行っています。

ベンダーは、これらの財産を持っていることで他社との差別優位を生み出します。例えば、ユーザー企業から見ても、「ベンダーX社は価格は高いけど、安心してプロジェクトを任せられるから大丈夫だ。Bさん以下のチームもいるし、トレーニングも積んでいるしね。」と評価することができます。

ベンダーにとって、テクノロジーの変化がこの財産の価値、優位性の小さなほころびだとすると、人材の流動化は、財産価値・優位性を脅かす大きなうねりです。1990年代から外資系コンサルティングファームが台頭し、2000年代には業界再編も進みました。さらに、2010年以降に新しいベンチャー企業が続々と現れています。また、会社の所属を離れて、独立して会社設立することやフリーランスとして活躍を志向する人材も増加しています。おそらく、IT業界は、日本で、最も早く、終身雇用が過去のものとなり、最も急速に人材の流動化が進んでいる業界です。2005年頃、オフショアでのシステム開発が興隆したころ、100名体制のオフショア開発会社のプロジェクトマネージャーが週次報告の際に、「この1ケ月の離任は3名でIさん、Jさん、Kさん。参加2名Lさん、Mさん。欠員1名は面接予定」と言っているのを聞いて、「外国は人材の流動が激しくて大変だ」なんて呑気に報告を受けていたものですが、これが私たちの現実になりつつあります。

今までのような「有名で実績のある会社に任せればOK」の時代は過去のものになりつつあります。そして、ユーザー企業もそのことをわかっています。ユーザー企業がベンダーとは別のコンサルタントを雇って、ユーザー企業の側に専門家を配置した上で、そのコンサルタントとともにプロジェクトに最適なベンダーを選ぶという構図も一般的になってきています。

現代のプロジェクトマネージャーはこの流れに直面する最前線で、プロジェクトを成功に導く任務に取り組んでいくのです。

ＩＴ人材はとどまらない

人材の流動化の背景には、ＩＴ投資の需給ギャップがあります。情報システム投資の需要は年々増している一方、その需要に応じた供給能力は確保されていません。日本経済新聞の２０１９年４月の記事に『先端ＩＴ人材55万人不足の恐れ』が掲載されました。経済産業省の試算によると、２０３０年にはＩＴ人材が55万人も不足する、と指摘されています。別の記事、『ＩＴボランチ』の２０２２年11月のコラムでは「経済産業省のレポートによると最大で79万人の不足」と言及されています。

さらに2013年以降、日本のIT業界の好景気が続いていることは、実需的な側面だけではなく、心理的にも人材流動化の要因になっていると感じます。ユーザー企業のシステム投資が加速する中で、IT業界、つまり、ベンダー側は受注が途切れない状態が続いています。感染症に見舞われた、2020年には瞬間的な様子見局面もありましたが、実際には投資は増え続けました。

需要が途切れないことはベンダー側にとってはありがたいことなのですが、年々人材不足は深刻になってきています。人材がユーザー企業のプロジェクトに出払っていて、新たなニーズに応えられない状態も珍しいことではありません。

このような状況下でIT業界の人材争奪は熾烈になり、IT人材の売り手市場の状態も長く続き、人材流動化が加速しています。独立起業をしたり、フリーランスになったり、別の企業からヘッドハンティングされたり、社内にいたとしても引っ張りだこです。特に、優秀な人材であればあるほど大人気です。これをユーザー企業の視点で見た場合、仮に実績のあるベンダーにプロジェクトを依頼したとしても、そこで優秀な人材が配属されるとも限らず、さらには所属していたメンバーがプロジェクト終了前に離職する、ということも起こり得るということになります。これはベンダー側に限った話ではなく、ユーザー企業側でも同様です。実際にＩＴ人材にとって魅力的な話はたくさんありますし、彼らをヘッドハントしようとする人材紹介エージェントも盛業なのです。

ＩＴ業界の転職はハードルもリミットもない

かつての日本企業と言えば「終身雇用制度」と「年功序列」が基本でしたが、現在では過去のものになっています。特に外資やベンチャーの多いＩＴ業界では、既に２０００年代初頭から、「1社に定年まで勤める」という意識は薄まっていました。当時の私の周囲を見回しても、転職や独立は日常的でした。転職による不利も極端に大きいとは言えず転職へのハードルは高くありません。

かつては「転職のホットリミットは35歳まで」と言われていましたが、このような制限もなくなっています。ＩＴ業界は管理職に限らず、40代、50代でも転職する世界で、事実上、転職のホットリミットは存在していません。年功序列の制度を続けている会社も多くはありません。もちろん経験年数と実力とは一定の正比例の関係にありますが、役職・役割は実力本位が主流ですし、報酬も役割、実績、貢献をベースにしていることがほとんどです。実力が発揮できるような転職先を選ぶことができれば、職場を変更してもそれほど大きな不利はないように思えます。

また、ＩＴ業界では、「転職して年収を上げましょう」という言葉を日常的に耳にします。熾烈な人材獲得競争の環境に置かれたＩＴ事業者とこれらをクライアントとして抱える人材紹介会社が織りなす広告合戦の1つの側面です。年収の上昇スピードの速い企業は概して落ちるスピードも速いのですが、本人にとっても会社にとってもさして成功とはいえない転職であったとしても人材流動化を加速させる1つの要因です。

もし、優秀な人材が魅力的な報酬で転職したとして、新しい場所でも活躍して実績を残すことができて、評価されれば上昇した報酬は維持できます。そうでない場合、その人材は「より自分にあった職場」を探して再度転職します。

これらの帰結として、ユーザー企業側としては求める人材を確実にプロジェクトにアサインするためには、「よいベンダーを選ぶ」だけでは足りなくなっているのです。

DXは「今までのシステム」も使って「今までになかったシステム」を作る

2018年に経済産業省が「デジタルトランスフォーメーション（DX）を推進するためのガイドライン」を取りまとめたように、多くの企業や組織はDXに取り組んでいます。

DXというと何を思い浮かべるでしょうか？ 書類のペーパーレス化や顧客用のアプリ開発、AIやロボットの導入でしょうか？ この章では、これまで、IT投資、情報システム投資、という言葉を使ってきましたが、企業のDX（デジタルトランスフォーメーション）には、デジタル技術（≒IT技術）が活用されますので、企業の目線から見れば、DX投資は、IT投資、情報システム投資とほぼ同義と捉えてよいと考えています。そして、投資対象によって3つに分類すると議論しやすいと考えます。

1つは基幹システムへの投資です。

基幹システムとは、企業の基幹業務の情報処理を支える情報システムです。「システム化以前は人の手で行っていた受注・入出荷・調達・会計などの伝票処理」と言い換えるとイメージしやすいかもしれません。現在、このような伝票を見る機会は減ってきていますが、その背景にあるのが基幹システムへの投資です。基幹システムの画面やメニューに「受注処理」という言葉が残っています。基幹システムのミッションは、「企業の業務を効果的・効率的に実施するために、必要な人に正確な情報をタイムリーに提供する」ことにあります。つまり人手による処理のデメリットである、情報の計算ミス、所要時間、所要工数を削減するためのシステムです。

2つめは特定業務システムへの投資です。

例えば、研究室の解析システムや、設計分野でのCADの実装、性能評価システムなど、特定業務に特化したピンポイントなシステムです。従来、利用目的がピンポイントだったので、情報を他部署と共有するニーズも低く、一般的にクローズドなシステムでしたが、最近は関連システムとの接続も増えています。

そして3つめは「従来なかった情報システム」への投資です。

これはテクノロジーや社会環境の変化によって、新たに可能になった情報システムへの投資と言い換えることができます。例えば、スマホのモーションセンサー情報をネットにつなげることで、運動管理や健康管理のサービスが生み出され、地理情報を活用したナビゲーションサービスなども生み出されました。このような例は枚挙にいとまがありませんが、ハードウェアがネットワークにつながることによって、新たなサービス、ビジネスが続々と生み出されています。これらが、基幹システムや特定業務システムとつながることで、企業活動の再設計が継続していきます。そのために、基幹システムや特定業務システムも、従来なかった情報システムへの進化を見据えた接続性と柔軟性を獲得するように更新されています。

ＩＴプロジェクトの現場の視点に立って考えると、今後は「今までの実績にないことをしなければいけない」というケースが増えていきます。

プロジェクトマネージャーは会社から前例のないゴールを達成するという任務を与えられ、自社の中はもちろん、社外を見渡しても、完全なノウハウを持っている人材がいるとは限りません。プロジェクトマネージャー自身も知らない、ベンダー側も実績があるところが少ない、過去には参考情報があるが成功パターンがない、という状況下で、ゴールを達成するということが、現代のプロジェクトマネージャーの仕事です。

ここまでのまとめ

時代区分	ユーザー企業の役割	ベンダー企業の役割	ユーザー企業PMの役割	ベンダー企業PMの役割
1960～80年代 メインフレーム	プロジェクト起案 アプリケーションの開発	ハードウェアの提供・技術サポート	開発プロジェクトの計画・実行	トレーニング、問題解決サポートの提供
1980～2000年代 ダウンサイズ・オープン化	プロジェクト起案 主要ベンダー選定・管理 予算管理	ハードウェア基盤構築、ソフトウェア全体の開発（SI）	主要ベンダーを軸とした体制構築と管理 社内体制整備（部署間調整） 予算管理	開発プロジェクトの提案、推進、実行管理
2010年代以降 インターネット・多様なテクノロジー	プロジェクト起案 多様なベンダー選定・管理 予算管理 プロジェクトに合わせた対応	得意分野におけるプロジェクト貢献	多様なベンダーによる体制構築と管理 社内体制整備（部署間調整） 予算管理	割当スコープを中心とした開発プロジェクトの提案、推進、実行管理

第2章

プロジェクトを成功させる

プロジェクトの鍵を握る「ハイポテンシャル人材」

本章からは、具体的にプロジェクトを成功に導くための議論を進めます。

早速本題に入る前に、言葉の定義をします。

本書においては、ハイポテンシャル人材をいかにハイパフォーマーにするのかという点が重要な論点になっています。その意味で重要な2つの言葉に定義を与えます。

ハイパフォーマー
実際にプロジェクトで活躍しプロジェクトの成功に大きく貢献する人材

ハイポテンシャル人材
そのプロジェクトのハイパフォーマーになりえる人材候補

プロジェクトを成功に導くためにはハイパフォーマーが不可欠ですし、そのため、重要ポジションにハイポテンシャル人材を配置しハイパフォーマーとして活躍できるように環境を整えます。また、チームビルディングにおいても、ハイポテンシャル人材なしに良いチームは作れません。プロジェクトマネージャーが要所要所にハイポテンシャル人材を配し、ハイポテンシャル人材がリーダーシップを発揮し、ハイパフォーマーとなって他メンバーを率い導いてくれることでプロジェクトはゴールに向かって動いていきます。

ハイパフォーマーになりえる人材候補であるハイポテンシャル人材、というキーワードからイメージするのは、「エース級の人材で、頭の回転が速く、物事の整理ができ、答えを導いてくれる」という人物像かもしれません。確かに初速のキャッチアップでの活躍を考えるとその要素は強いのかもしれませんが、実際には、どのような知識やスキルが必要なのかはそれぞれのプロジェクトによって異なっていますし、知識やスキル、回転の速さだけが、よいハイパフォーマーの要素でもありません。

重要なことは、「この職務についてベストパフォーマンスを発揮できる素晴らしい人」、ハイパフォーマーたりえるハイポテンシャル人材の要件をプロジェクトマネージャーが自覚することにあります。そして、ハイポテンシャル人材が本気になってプロジェクトを成功に導くことを決意し、最高のパフォーマンスを発揮して、ハイパフォーマーという状態でい続けることが大切です。

ハイポテンシャル人材がハイパフォーマーとなるには「プロジェクトへの正しい理解」を持ち、「ゴール達成への強い意欲」を持ち、かつプロジェクト特性にフィットした「知識・スキル・素養」を兼ね備えていることです。これらが揃うことでプロジェクトで活躍できます。そして、プロジェクトマネージャーは、プロジェクト特性にフィットした「知識・スキル・素養」を持つハイポテンシャル人材を見出し、「プロジェクトへの正しい理解」と「達成への強い意欲」を醸成する環境を用意します。

プロジェクトマネージャーが持つべき3つの視点

プロジェクトを成功させるために「社内・社外でハイポテンシャル人材を見つけハイパフォーマーとして活躍してもらうこと」が重要であることは明確ですが、現実的な方法論となると視界不良になりがちです。結論から言うと、プロジェクトマネージャーがハイパフォーマーを見出し活躍してもらうためになすべきことは、3つの視点に集約されます。

1. 事前にハイポテンシャル人材を見極める
2. ハイポテンシャル人材が長く活躍するチームを作る
3. ミスマッチに備える

1つ1つの内容は次章から詳しくお伝えしていきますが、まず理解しておいてもらいたいのは、「ハイポテンシャル人材」の具体的な能力も活躍する方法もプロジェクトの特性によって異なるということです。

一例として、調査プロジェクトやITマネジメントの制度設計プロジェクトのような3か月程度の短いプロジェクトもあれば、システムの導入を目指す2～3年のプロジェクトもあります。

短いプロジェクトは、メンバーの交代や役割変更といったパフォーマンスを一時的に阻害する意思決定を最小に抑える必要があります。大雑把な役割ごとに情報を共有しつつ、こまめに方向性を調整する、時には方針転換することも念頭にプロジェクトチームを組成します。スピード感を保つためには人数は10人くらいが限界ですし、リアルタイムにアップデートされる情報による方向性調整にストレスを感じすぎるメンバーを中心に置くと結果的にチームの士気が下がり、ゴールの達成が難しくなります。

1年を超えるプロジェクトは船旅のようなものです。期間が長くなれば、プロジェクトの状況は変化します。大きな課題に直面する嵐もあれば、物事が順調に淡々と進む凪もあります。目の前は凪でも、その先には嵐があるかもしれません。長い船旅を多くの船員たちと時間を共にし、船を目的地まで連れて行く責任者がプロジェクトマネージャーです。

安全に航海をして全員を目的地に連れて行くためには、嵐の兆しを捉えて事前に避けることも重要ですし、突然の嵐なら即座に対策をとって乗り越える必要があります。そのために、ハイポテンシャル人材はその能力が最大限に活きる要所に配置しなければいけませんし、ミスマッチを出さないことも大切です。一方で、人材のミスマッチが出たら巧みに対処してチーム全体のパフォーマンスを向上させることがプロジェクトマネージャーには求められます。

長い期間のプロジェクトを任されるプロジェクトマネージャーの基本的な心構えの1つは、どの局面でも望ましい選択肢を減らさず、より魅力的な選択肢を増やすことにあります。望ましい選択肢が減るということは、あまり望ましくない選択肢、できれば取りたくない選択肢しか目の前に残されてない状況に陥っていくということです。メンバーのAさんはハイパフォーマーで、八面六臂の大活躍を見せて打ち続く困難な局面を打開してきたとします。ただ、これからもAさんの活躍がそのまま続くことを前提にプロジェクトを組み立てると、Aさんへの依存度が高まり過ぎてしまいます。活躍の裏でAさんの心身には疲労が蓄積されているかもしれませんし、プライベートの状況の変化によってAさんの勤務に制約がかかるかもしれません。Aさんの大活躍に救われている今こそ、Aさんに十分に報い、Aさんが作ってくれた余裕を使って、Aさんに続くメンバー、Bさんに新たな機会を与え、さらにCさんの役割を引き上げて、Aさんの役割を1つでも2つでも分かち合えるようにすることで、Aさんへの依存を下げつつ、Aさんには更なる困難な課題に取り組んでいただくことは可能になります。例えば、これが魅力的な選択肢を増やすということです。

プロジェクトの成否を決めるのはチーム作り

プロジェクトの成否を分ける最重要の要素の1つがチーム作りです。プロジェクトに限らず、あらゆる取り組みでチーム作りが肝なのは古今東西で言われていることですし、皆さんにも実感があると思います。企業、NGO、軍隊、スポーツ、あらゆる人の集団がいかにパフォーマンスを上げるのか、そのためにどのようにチーム作りを進めるかについて、古今、多くの研究機関が研究成果を競い、また、卓越したリーダーたちのノウハウ・経験が、書籍や講演といった形で世に流布しています。

社内・社外でハイポテンシャル人材を見つけるというのは、とりもなおさず、高いパフォーマンスを上げるチーム作りの一部です。ハイポテンシャル人材を見つければ、自動的に高いパフォーマンスを上げるチームになるわけではありませんが、高いパフォーマンスを上げるチームではハイポテンシャル人材がハイパフォーマーとなり活躍しています。

プロジェクト特性、すなわち任務の特性によって、高いパフォーマンスの定義も変わりますし、ハイポテンシャル人材の定義も変わります。前節では、プロジェクトの特性の違いを、期間の長短によって例示しましたが、長いプロジェクトは短いプロジェクト群に分割することもできますし、短いプロジェクトは実は長いプロジェクトの一部であることもあります。

このあたりは、プロジェクトオーナーである、CxOの考えや期待を理解することが重要です。CxOが期待するパフォーマンスとは直接的には業績への寄与や組織能力の向上であり、その達成には数年を覚悟していることと思います。このプロジェクトの究極のミッションはどこにあるのか、究極のミッションを達成するための所用期間、所用費用、必要能力、社内外の相互関連性等によってプロジェクト特性は性格づけされます。

プロジェクトにはそれぞれの細かいプロジェクトが存在している

ＩＴプロジェクトは、半年以上のものがほとんどで、１年以上にわたるものも少なくありません。企画から成果確認までを考えると5年を超えるものもあります。実際には、サブプロジェクト、またはプロジェクトフェーズに分割して進めていきます。もちろん局面によって必要なチーム能力が変わることから、分割するということはチーム作りの観点からも有効と言えます。

例えば、典型的なＩＴプロジェクトは、ユーザー企業の目線で見ると「企画」「計画」「実施」の３つの局面（「フェーズ」や「サブプロジェクト」と呼ばれることがあります。）に分割できます。ベンダー企業の目線では、「実施」にフォーカスがあたるかもしれませんが、ユーザー企業の目線でいえば、実施のための前段階が存在しており、それぞれプロジェクト特性が異なります。

企画の段階では、プロジェクトマネージャーは上司であるCxOをはじめとする幹部（プロジェクトオーナー）から、解決すべき課題や究極的に達成すべきゴールをテーマとして与えられます。この段階では現状調査、課題の定義から始まり、課題の解決策、それを達成するためのゴール設定、ゴールを達成するための方法の概要を設定し、大まかなコストやスケジュールを示すことが企画というサブプロジェクトのゴールとなります。このゴールを達成することを通じて、プロジェクト企画が承認され、次の段階に進んでいきます。

ITプロジェクトの場合は、計画の段階で、ゴール達成に向けて、プロジェクトの実施単位・範囲（実施局面でのサブプロジェクト）を定義し、サブプロジェクトごとにベンダーからの情報を集めて、実施段階のベンダーの選定・評価を進めます。この時に、ベンダー側からはベンダー側のプロジェクトマネージャーと、プロジェクトに参画するメンバーの提案がなされます。そして、ベンダーの選定と同時に、社内の体制作りも進めていきます。

例えば、会計システムであれば経理部からプロジェクトメンバーをアサインしてもらい、プロジェクト体制を作っていきます。この段階では実行に関わる費用やスケジュールもベンダーの見積をベースとする精度の高いものになり、プロジェクト体制も役割と名前が定義されていきます。企画・計画の段階でもユーザー企業を支援するため外部のコンサルタントが参画することもあります。

そして、計画が承認されたら実行の段階に入ります。一般的には実行の段階から「プロジェクト」と定義されて社内に本格的に周知されます。

企画・計画・実行のそれぞれのサブプロジェクトの中にはさらに細かく「初速（立ち上げ）」「運用」「仕上げ（追い込み）」「使用」といった段階が存在し、プロジェクトが長期間・大人数であればあるほどそれぞれの段階でのチーム運営が必要になります。

各フェーズで必要とされるメンバーの能力とは

同じサブプロジェクトやフェーズでも、「初速」「巡航」「仕上げ」で、それぞれ重要とされる能力が変わります。

●初速の段階で必要なのは「キャッチアップ力」

初速のときに必要な能力は「キャッチアップ力」です。

キャッチアップとはプロジェクトの内容や背景情報、周辺状況の理解を意味します。

前出例の実行段階であれば、それまでにプロジェクトの企画書や計画書が作成されています。もちろん、この内容はプロジェクトを実行する上での羅針盤となりえる情報なのですが、一方で、書面の情報はあくまでも文字の羅列です。文字は情報の整理や伝達に大きく寄与しますが、文字特有の弱点もあります。それは、例え同じ内容が書かれていても実態そのものを写し取ったものではありませんし、受取り手の意味解釈によって内容理解がぶれてしまうことです。

プロジェクトマネージャーやプロジェクトメンバーは、文字情報を超えて、できる限り実態に忠実にプロジェクトを理解する必要があります。

例えば、あるシステムが老朽化し交換部品もなくなってしまったことで、1か月に数回停止して、復旧させるまでの30分間程度、業務が滞るという状況があるとします。そんなときに企画書で「システムの老朽化が進んで、日々の業務に支障をきたすケースも増えている」と記載したとしたら、企画の文字情報は整ってはいるのですが、必ずしも実態を忠実に説明できていません。

こういった文字情報をヒントに実態を理解する力がキャッチアップ力です。プロジェクトを成功させるための基礎情報として、業務の理解・システムの理解・人間関係の理解が必要です。そして、ゴールへの理解でも同じで、初速の段階でメンバーに深く理解してもらう必要があります。初速の段階であれば、仮に解釈にズレがあっても、修正は容易です。現状の実態と求めるゴールを明確にする、というのは、このレベルでの情報解釈のズレをなくすということです。

このような初速段階でのメンバーは少人数のほうがスピーディーに進めることができます。3～4人程度であれば非常に高速に実施できますが、その後の情報伝播のスピードの制約になります。大規模なプロジェクトにおいても、メンバーの10～15％がこのようなレベルで情報を理解することで、情報の伝播が容易になります。

キャッチアップは、プロジェクトマネージャーが1人でこなすものではありません。経験に加えて「仮説立案力」、「フレームワーク思考力」、「システム思考力」、「情勢判断力」、「軌道修正力」ということが得意なメンバーをアサインしたいところです。

●巡航の段階で必要なのは「タスクを遂行できる力」

巡航の段階になるとタスクの詳細が定まってきます。タスクの開始条件、内容、成果物、終了条件、スケジュール、担当と役割分担などもはっきりしてきて、担当メンバーもタスクの進め方もわかっている状態です。

巡航の段階ではやるべきタスクのボリュームが一気に増加して、タスクを実際に遂行する人も増えています。

人員が増えている状態で然るべきタスクを実行できる人が実際にアサインできているか、その人たちにやるべきタスクを1つひとつ丁寧に説明できているか――タスクの浸透が大事になってきます。

一方でプロジェクトマネージャーやメンバーを統括する各チームのリーダーは、メンバーに対して明確な指示をして、タスクを進められる「計画立案力」、「タスク管理力」、「説明力」、「調整力」、「課題発見力・解決力」が必要になってきます。

●仕上げの段階で必要なのは「合意形成力」と「ゴールまでたどり着く粘り強さ」

仕上げの段階になると、プロジェクトの終了条件を満たすことはもちろん、次の段階に向けて滞りない状況を作り上げていきます。

プロジェクトを終了させるのであれば「誰の承認」を持って終わりとするのかを定義して、プロセスを組み立てる必要があります。プロジェクトの成果を世に出すためにいろいろな人の合意を取り付ける必要も出てきます。仕上げ段階にミスがあると、計画通りに終了を迎えられずに、遅延やコストオーバーを招くことはもちろん、次の段階に支障をきたして、せっかく良い仕事ができたとしても、その良さを相殺するような批判が巻き起こることもあります。仕上げ段階こそ丁寧な進行を心がけるべきですし、仕上げの状態を調整する力やコミュニケーション能力が求められます。ミスなく仕上げを迎えるためには、終了条件を中心に、次の３つを組み立てることが重要です。

１つめは終了条件のリストアップです。

「企画書がある」「現状分析が終わっている」「ゴールが明確になっている」「予算やスケジュールが概要レベルで定義されている」など、それぞれのプロジェクトの終了条件を満たす項目を理解している観点が必要です。

２つめは終了条件の承認プロセスです。

プロジェクトマネージャーはプロジェクト実施の責任者ではありますが、プロジェクトそのものの責任者はその上司であるプロジェクトオーナーです。

そうなると、終了条件を承認する役割はプロジェクトマネージャーではなく「その上司」ということになります。一般的にはプロジェクトマネージャーとその上司との間で終了条件の認証プロセスを決定することが多くなります。

3つめはプロセスを回す体制やスケジュールの明確化です。

先述の通り、プロジェクトには期限があります。つまり「いつから始まっていつ終わるか」が明確に設定されており、何となく始まってなんとなく終わるようなことはできません。ですから、そのプロジェクトをどのように進行していくか、いつから始まっていつ終わるかのスケジュールを明確にしておくことが必要です。

ハイポテンシャル人材が長く活躍したいチームを作る

本書の中でも最も重要な部分が「ハイポテンシャル人材が長く活躍できるチームを作ること」です。詳しくは第４章で説明します。

新たな「知識・スキル」を習得するにしてもある程度の時間は必要ですし、「素養」を変えていくには粘り強い取り組みが必要です。それゆえ、事前の見極めが大事なのですが、仮に経験・素養・知識・スキルがあってもプロジェクトを理解できていないと力を発揮できませんし、意欲を持っていなければ継続できません。

「経験・知識・スキル・素養」を持っているハイポテンシャル人材を見つけたのち、そのハイポテンシャル人材が実力を発揮し、ハイパフォーマーとしてパフォーマンスを上げ続ける環境を整備することが重要な仕事になります。

さらに言うと、第１章でもお伝えしたように、ＩＴ人材の需給バランスが強い「売り手市場」の現在、エース級人材に限らず参画するプロジェクトを自分で選べる時代になっています。

素晴らしい人材がプロジェクトに参画しても「自分には合わないので抜けます」と意思表明することは可能ですし、近年はそれをやむを得ず認める環境になってきています。まして、数年も続くプロジェクトにおいて、人材が何か不満を持ったままで仕事に全力を尽くすと考えることは現実的ではありません。

だからこそ、ハイポテンシャル人材に活躍してもらうための環境作りはプロジェクトマネージャーの大事な仕事です。言い換えると、プロジェクトマネージャーは、メンバーにとってのプロジェクトに参画する意義を考えなければいけません。

プロジェクトを成功させることはプロジェクトマネージャーとしての実績となり自信にもつながります。「プロジェクトを成功させた」という事実は重要ですが、加えて、時間を長く共にして活躍してくれたハイパフォーマーたちに「あなたとまた仕事がしたいです」と感じてもらうことにはとても大きな意味があります。次のプロジェクトに彼らが参画してくれれば成功確率を上げることにもつながるからです。

IT業界にも様々なコミュニティーが存在します。一例として「プロジェクト同窓会」があります。思い出深いプロジェクト（そのほとんどは困難で大変な状況を乗り越えて成功したプロジェクト）に参加したメンバーたちが、プロジェクト完了後もユーザー企業、ベンダー企業という立場を超えて集まります。場合によっては、その会が10年以上続くこともあります。別のプロジェクトで再会することもあれば、知り合いのエース級を紹介いただくこともあります。そして、困ったときには「助けてくれない？」「あなたの頼みならなんとか力になれるように考えてみるよ」という会話が繰り広げられます。

ITプロジェクトの苦しい局面で「あの人がいてくれたらうまくいくのに」と考えることがしばしばあります。たった1人のハイポテンシャル人材の登場によって八方ふさがりの局面を変えられることがあります。

そんな時に人材の切り札を持っていることはプロジェクトマネージャーの強みになります。そのような切り札を増やしていくための第一歩が、ハイポテンシャル人材が活躍できる環境を作って今このプロジェクトを成功させることです。

ハイポテンシャル人材の周囲にはハイポテンシャル人材が集まります。1人のハイポテンシャル人材と強固な絆で結ばれるきっかけを作るためにも、彼らが活躍できる環境作りが大切です。

ミスマッチは起こる、と思って備える

ハイポテンシャル人材がハイパフォーマーとして活躍できない「ミスマッチ」についてもプロジェクトマネージャーは理解しておかなくてはいけません。

ミスマッチとは「ハイポテンシャル人材が期待のパフォーマンスを発揮できない**状況**」のことです。どんなにハイポテンシャル人材を厳選し、長く活躍できる環境作りに取り組んだとしても、ミスマッチが発生しない、とは言い切れません。ハイポテンシャル人材と思っていた人材がミスマッチとなってしまう背景は多種多様でまた複合的なものです。例えば、ユーザー企業関係者との相性、プロジェクト内外の人間関係、家庭の事情、体調などが挙げられます。例えエース級人材であったとしても、最近までハイパフォーマーとして活躍して

いたとしても、ミスマッチの状況に陥ってしまうこともあります。
ミスマッチを認識したら、何かしらの対策を取らなければいけません。個別の事情を汲んで許容せざるを得ないこともありえますが、許容できる幅はプロジェクト状況にもよりますし、許容しすぎることはプロジェクト全体の士気に影響します。もし、ミスマッチがプロジェクトに混乱をもたらしていたとしたら、ミスマッチを許容しない姿勢を見せることでプロジェクトに秩序と規律を取り戻さなければなりません。

特に、プロジェクトマネージャーが頼りにしているハイパフォーマーがミスマッチの状況を生じさせてしまった場合、事態は一刻を争います。

チームメンバーとは興味深いもので、100人のチームで10人のリーダー陣がハイパフォーマーとしてプロジェクト推進の中心を担っていてくれている場合、残りの90人はそのリーダーシップを頼りにしています。これは組織統制、組織運営上のやむを得ない帰結です。リーダー陣の意思に対して、毎日、他メンバーが異議を唱えて、議論しているようでは、プロジェクト運営に支障をきたしてしまいます。

リーダーシップを担うハイポテンシャル人材がハイパフォーマーであればチームごと前進しますが、そこでミスマッチが発生してしまった場合はチームごと停滞します。この恐ろしさゆえに、プロジェクトマネージャーは常にミスマッチという状況の発生を想定し、シミュレーションしておくことが必要になるのです。

本章では、プロジェクトマネージャーがプロジェクトを成功させるために理解しておかなければいけない3つの大要素を中心に本書の概要をお伝えしました。

次章からはそれぞれの詳細な内容についてお伝えしつつ、プロジェクトを成功に導くチーム作りの方法論についてお伝えしていきます。

第3章

チームを作る

人材を探す

社内・社外のハイポテンシャル人材でプロジェクトを成功に導くチームを作る――といっても、プロジェクトマネージャー自身の人事権には限界があります。

プロジェクトを始める時、ユーザー企業のプロジェクトマネージャーはまず上司からプロジェクトで解決すべき課題や到達すべきゴールを与えられます。プロジェクトマネージャーは、プロジェクトの活動の概観を頭の中に描きながら、その活動を遂行できるメンバーの参画を上司や人事部といった人事権者にリクエストします。

プロジェクトマネージャーが考えるハイポテンシャル人材がアサインされるよう、その人物像をリクエストに盛り込みます。上司や人事部はプロジェクトマネージャーのリクエストに基づき、アサイン候補を選定します。候補者の中には、ハイポテンシャル人材の人物像に十分合致している人もいれば、合致部分が少ない人も含まれます。合致部分が少なければ、外部の人材で補強したり、プロジェクト活動にトレーニング要素を加えたりして、プロジェクトの体制を組み立てていきます。

ベンダー企業を活用してプロジェクトを進める際、ベンダー側にもプロジェクトマネージャーがアサインされています。ユーザー企業側のプロジェクトマネージャーには、他社であるベンダー企業に対する人事権はありませんので、ベンダー側のプロジェクトマネージャーと協力してアサインを進め、お互いに協議しながら、プロジェクト全体として要員を確保してチームを作ることになります。

いずれの場合であっても、プロジェクトマネージャーがしなければいけないのは、ハイポテンシャル人材のリクエストとハイポテンシャル人材の見極めです。プロジェクトマネージャーは上司やベンダー側にメンバーをリクエストする際、ハイポテンシャル人材の基準を明らかにするとともに、重要なポジションの候補者は事前の面談やインタビューを行います。

メンバーアサインのリクエストは、プロジェクトがスタートする前のチーム作りの段階だけではなく、プロジェクトがスタートしてからもプロジェクト体制が安定するまで継続します。プロジェクトが安定しているように見える時でもタスクの見通しやミスマッチの兆候をモニターして、問題があればすぐに手を打てるようにメンバーを探し続けます。プロジェクトマネージャーの人事権はプロジェクト内に留まるものでもありますし、想定した役割や支援体制といったメンバーのプロジェクト参画時の合意事項も大切にしなければなりません。そのため、プロジェクトマネージャーは社内・社外の人事権者とのコミュニケーションを行って、必要なメンバーが必要な時にアサインしてもらえる環境を整えます。

ハイポテンシャル人材を見極めるための3つの要素

では、プロジェクトマネージャーはどのようにしてハイポテンシャル人材の人物像を説明し、見極めるのか。概ね3つの要素でハイポテンシャル人材の基準を設定します。

【ハイポテンシャル人材を見極めるための3要素】

・**知識**……特定の対象、技術、方法論に対する理解。初歩的なものは書籍によって獲得することもできるが、理解を深めるには、知識の適用の経験や適用例を蓄積することが必要。知識として獲得できていれば共有も可能。

・**スキル**……期待効果を得るための実践行動。概観や方法論は知識として獲得できるが、期待効果を上げるには実践が不可欠。実践を繰り返すことにより高めることができる。初歩レベルの習得であれば実践行動を伴ったトレーニングも有効。

・**素養**……個人のマインドセット（価値観、考え方）から生み出されるものごとの捉え方や姿勢。意識的なもの、無意識的なものも含み、人生を通じて獲得した心理的報酬体系とも密接に関連している。強固に確立したものを短期間で変えるのは困難だが未確立なもの、新たなものは柔軟性がある。

知識はあとから身につけることも比較的容易ですし、不足していた場合は保持しているメンバーをアサインすることで一定までフォローすることもできます。一方で、高レベルのスキルと素養は短期で獲得するのは難しいという前提のもと、特に重要ポジションについては、全体のバランスの中でハイポテンシャル人材を見極めていきます。

スキルというと技術的なイメージを持つかもしれませんが、コミュニケーション能力や会議運営能力なども含まれますし、プロジェクトの現場で求められる「フットワークの軽さ」も複合的なスキルと定義できます。

例えば、プロジェクトで発生した課題検討のための会議を開催して決定事項とTo Doを得ることが期待されているとします。会議運営スキルの高い人材であれば、課題内容や影響を確認し、原因を明確にして対策を引き出し、会議の終盤で「今日の決定事項は、○○、△△ですね。そこから実際に動いていくためのTo Doは、●●、▲▲ですね。実行する人の確認ですが、それぞれAさん、Bさんでよいでしょうか？…異議がないようなら、Aさん、Bさん、それぞれ、来週の×曜日までに対応をお願いします。以上が本日の会議のまとめですが、補足事項や意見、確認事項はありませんか？」というように、会議の結論を整理して次のアクションを明確にしてくれます。

もう一例――フットワークの軽さというのは、「何かを達成するまで滞らずにアクションを取り続けるスキル」と言えます。上記Bさんが▲▲を実施するために、「まずは、C部長の意見を聞いてみよう。次にDさんに聞いて現状を確認してみよう。Dさんの話を聞いたらそれを踏まえてEさんに□□をお願いしよう」というように、次々に行動に移せることがフットワークの軽さです。

一見、考えながら動くという表現がぴったりのように見えますが、実際には、状況把握能力、仮説思考能力、問題解決思考能力、対人関係構築能力といったスキルに加え、目標達成指向、関係構築指向といった素養を含む、複合的なスキルと定義することもできます。このように考えると、フットワークの軽さを出すために、メンバーをどのようにサポートすればよいかがわかってきます。状況把握、解決策の導出には問題がないけれど、対人関係作りが苦手そうであれば、その点をサポートします。

素養にアプローチする

素養は知識とスキルと比較すると、習得したり、変化させることが難しいことが一般的です。素養は「基本となっている考え方、価値観」さらにはその人にとっての「人生哲学」のようなもので、個人がそれまでの人生を送る中で、意識的・無意識的に確立してきた、心理的な報酬体系に裏打ちされたものごとの捉え方や姿勢のパターンです。まだ確立していなかったり、こだわりが少ない分野の素養はプロジェクトでの経験を通じて獲得することも可能です。

私の例を取って1つ例示しますと、私は、苦しい時こそ笑顔で元気よく、を信条にしています。苦しい時に苦しい顔をすることは自然なことですし、不満が口に出てしまうこともあるかもしれません。これらも価値観の表現の1つですし否定するものではありませんが、プロジェクトで困難に直面した時にチームに与える影響という面を考えると、リーダーシップを担うポジションの人が苦しい時こそ笑顔で元気よく振る舞うことでチームを鼓舞することのほうが責任のある振る舞いであると考えています。

素養を変化させる原動力、心理的な報酬体系の獲得・変化は、成功体験・失敗体験のどちらであっても経験に基づく意味付けから発生します。特に予期していない経験は強い原動力になります。「失敗してしまうのでは」と周囲が疑っている、自分も思っていればいるほど、成功させたときに「すごい！」の度合いが大きくなります。「簡単な」と思っていたタスクが大失敗してしまったらショックは大きくなります。どちらの場合も、それまでの考えを改める契機になりえます。予期できることであっても、繰り返し経験し意味付けを行うことで考えは徐々に変化します。

素養の変化は習慣作りに似ています。習慣作りには時間がかかりますが、習慣作りのマジックナンバーである「3」を活用する方法があります。3は何かを変化させて習慣化しようとするときにかかる時間のことです。

・最初の小さな反発を乗り越える期間が「3日」
・抵抗を感じなくなるのが「3週間」
・行動習慣が定着して無意識でできるようになるのが「30日」

・習慣化された行動に周囲が気づくのが「3か月」
・完全な習慣として自他ともに当たり前になるのが「3年」

習慣を変えるということは、本来、無意識が選択しているものの反対側へ行動を持って行くことです。例えば、話すことが好きな人に「話さないで」と言うようなもので、本人はもちろん周囲にもストレスがあり、継続するのはそれだけ難しいのです。素養へのアプローチは時間がかかるため、プロジェクトチームの組成という点ではアプローチと同様に最初の見極めも大切です。

重要ポジションの「ハイパフォーマー」を定義する

プロジェクトマネージャーがまず焦点を当てるべきは、パフォーマンスが上がらないとプロジェクトの成立が危ぶまれるような重要ポジションについてです。そのような重要ポジションにハイポテンシャル人材を配し、ハイパフォーマーとなって活躍してくれることがプロジェクト成功の要諦です。

重要ポジションはプロジェクトによって異なりますが、典型的なのはチームリーダーやサブプロジェクトマネージャーなどです。

他には次のような役割も重要ポジションになりえます。

①特定分野の専門家。ある技術分野に詳しい、ある業務分野に詳しいといった特定の専門を活かして作業をリードする役割。

②プロジェクト管理者。プロジェクトの進捗や課題を正確に把握して管理し、うまくいっていないときの影響を見極めて対応をアレンジする役割。

③合意形成プロセス運営者。必要な関係者を巻き込んで会社の職制を活かして意思決定に関する合意形成をアレンジする役割。

④問題解決者。業務的な難しい問題に答えを導く役割。法制度の変わり目、新技術の採用、新顧客への対応といった先行事例が少ないケースではリスク管理を含めた難しさもある。

人材選定のプロセス

ここまでプロジェクトマネージャーによる人材のリクエストとハイポテンシャル人材の要素の概観について述べてきましたが、ここでは、より実践的にどのようなプロセスを経て人材のアサインを行うべきか説明します。

●プロセス1：チーム設計

実際にプロジェクトが開始される前、プロジェクト計画を検討する際には、「ゴールの定義」から始まり「ゴールを達成する道筋」を検討し、その道筋を進むためのタスクを組み立てます。そして、そのタスクを実行するチームを設計します。

チームの設計は機能展開をベースに考えます。機能展開というのは、タスクを実行するためにどのような知識群・スキル群が必要かという、タスク定義から論理的に導き出された知識群・スキル群によってチーム機能を定義し、チームを編成するやり方です。

例えば、「システムに関係する設計書作成、プログラミング、テストは、システムチームが担う」「業務要素の強い業務フローの作成や業務マニュアル作成は業務チームが担う」というようにチームを設計します。規模の大きなプロジェクトでは、チームを販売、調達、生産、会計というような業務別に編成し、各チームの中に業務担当、システム担当を配すようなケースもあります。

チーム設計時の留意点は大きく3点あります。

① **スキルフィット**　システム関連のタスクをシステムエンジニア主体のシステムチームが担う、業務関連タスクを業務メンバー主体の業務チームが担う、といったタスク実施上の必要スキルと保有スキルが適合するようにチームを設計します。必要スキルと保有スキルが適合していない役割分担はプロジェクト推進上のリスクになりますのでなるべく回避します。

② **チームサイズ**　プロジェクトチームが最大規模の時に、1チーム10人以下になるよう

にチームを編成します。ひとりのリーダーが率いるメンバーは5〜7名が目安でそれを超えるとリーダーの負担が過大になる傾向があります。

③ **フェーズシフト** プロジェクトのフェーズが進むごとにチームの大小・役割がスムーズに変更できるよう柔軟性を確保します。

●プロセス2：役割の設計

役割の設計では、各チームが実施すべきタスクを詳細に定義します。この時、タスクによっては、複数のチームのスキルを必要とするケースもあります。この場合は、当該スキルを保持するチームとの共同タスクにする、当該スキルを持つゲストメンバーをアサインする、トレーニングを組み込むといったサポート施策を検討します。なお複数チームで共同タスクにした場合でも、タスクを遂行し完了させる責任を明確にし、どのチームがリードすべきかを明らかにしておきます。

●チームの非機能的側面

前節でチーム設計の機能性について説明しました。ここからチームのもう1つの側面である非機能的側面について説明します。

非機能とは、そのチームの「スタイル」や「雰囲気」や「ノリ」のことですが、任務への直接的な影響が見えにくく、一般的にプロジェクトのチーム編成や運営で非機能的側面が重要視されることは多くはありません。

しかしITプロジェクトのチームは、ほとんどの場合はユーザー企業、ベンダー企業、コンサルタントなどの混成チームになります。ベンダー企業は、自社メンバー以外に協力会社に下請けを出していることが多く、またフリーランスも加えると、中規模以上のプロジェクトの参加企業は、10社を超える混成チームになることも珍しくありません。

そのため混成チームにおける非機能的側面は、メンバー間の自然発生に任せるよりも、一定の範囲で方向づけたほうが職場の雰囲気、仕事の進めやすさにプラスに働きます。メンバーがパフォーマンスを発揮するためには、プロジェクトから求められる役割の明確さや難易度、メンバーがそれを遂行するための知識・スキル・素養だけではなく、チームの非機能的側面の影響も少なくありません。プロジェクトの序盤で「スタイル」や「雰囲気」や「ノリ」という非機能的側面を反映した「チーム運営のグランドルール」を設定し、宣言しておくことでチームの非機能的側面に一定の方向感を持たせることができます。

心理学の「カラーバス効果」とは特定のものを意識すると関連情報が自然と目に留まりやすくなる心理効果のことです。例えば、ある車が欲しいと意識すると、同じ街中を歩いていてもその車がそれまでよりも目に付くようになります。この効果を応用すると、「どんなスタイルのチームになるべきか」「どんな雰囲気のチームであるべきか」ということを明確にしておくことで、描いたものが実現しやすくなります。

●プロセス3：チームの非機能部分の定義1　スタイル

「どんなスタイルのチームが任務に相応しいのか」を定義します。例えば、実行前に入念に準備するというスタイルがあれば、まずやってみてその結果をフィードバックすることで精度を上げるスタイルもあります。

スタイルは、プロジェクトマネージャーの性格や戦略、プロジェクト特性によっても左右されますが、重視すべきポイントの1つは、ユーザー企業の代表的スタイルです。

プロジェクトは、プロジェクトオーナー、つまり、ユーザー企業の未来を創る活動の1つです。非機能部分を考えるにあたってもユーザー企業の「スタイル」を軸にするとプロジェクトの運営がスムーズになります。一方で、ユーザー企業の社風・文化と異なる点を盛り込む場合は、慎重に取り扱います。例えば、違いを思い出させる言葉を作ります。いつも慎重に検討を重ねる社風のユーザー企業において、行動とそこからの学びを重視したプロジェクト運営をしたいのであれば、プロジェクト運営方針の1つに「まずやってみて結果から学ぶ」と加えます。

また、プロジェクト特性で言えば、例えば、「ウォーターフォール型かアジャイル型か」というのはわかりやすい例かもしれません。この2つはITプロジェクトの対照的な方法論ですが、どちらがこのプロジェクトに相応しいのか、プロジェクトの任務や組織特性に照らして選択します。例えば、基幹システム（会計や販売）構築や、プラント業務（受注生産業務）のようなシステム開発の場合、初期段階で必要機能を定義することが可能と考えてウォーターフォールを採用するかもしれません。この場合、最初にどういう業務なのかを描き、それに求められる機能や設計を定義し、システム開発を進めます。一方で、インターネットサービスやスマホアプリのように事前に正解が定義しにくい場合は、仮説と検証が実施しやすいアジャイルを採用するかもしれません。

これらはシステム開発の方法論もプロジェクトの進め方やチームのスタイルと整合していたほうがプロジェクトの進行はスムーズです。例えば、ウォーターフォールでは事前に根拠を示して検討をやり切るスタイルですし、アジャイルは仮説検証と学習を重視するスタイルのほうがフィットするケースが多いと言えます。

●プロセス4：チームの非機能部分の定義2　雰囲気

次に「チームがパフォーマンスを上げるためには、どんな雰囲気が相応しいのか」を定義します。高いパフォーマンスを発揮するチームには「ゴールを達成する決意」があります。メンバー一人ひとりに、ゴール達成の決意を促し、その決意を強めていくための空気感、雰囲気を考えます。

　雰囲気というと「和気あいあい」とか「温かみ」といったものを思い浮かべるかもしれませんが、ここで言う雰囲気は、チームのゴール到達に対して「1人ひとりが大切にしたいと思う価値観」から考えます。

　例えば、プロジェクトの期間と人数を見ただけでも、大切にしたいと考える価値観は変わります。3か月程度の短期プロジェクトであれば、目標達成への論理を最優先し、それに対してお互いの能力を引き出し合うことに合意したほうが合理的です。個々のメンバーが自らの得意分野を担当し、目標への最短距離を走る。結果としてチームワークが生まれるのが短期プロジェクトの特徴です。

　これが1年を超えるプロジェクトになると、個々のメンバーの能力だけではなく、バックグラウンド、性格、志望を知る必要が出てきます。ゴール到達への決意を共有していても、論理性だけをコミュニケーションの中核におくことがいつも最善策とは限りません。期間の長さに比例して不確実性も増大するので、時間の経過とともに最善策が変わります。規模が大きくなればなるほど、全員での議論ができなくなりますので、コミュニケーションも効率が重要になります。このように意思決定の過程やロジックが見えにくい状況での不安を払拭するためには、あらかじめ「わからないことはすぐに聞く」「質問されたら納得感がうまれるまで丁寧に説明する」「反対する時は代案を出す」「問題点を見つけたら遠慮せず手を挙げる」などをルールにすることによって、リーダー陣に不安払拭の意思があることを伝えられます。

長期プロジェクトの場合、緊張と弛緩の波が発生し、メンバーのコンディションも変化します。思わぬところから危機的な状況が発生する可能性もありますので、「揺るがない意思」、「苦難の瞬間で団結できる人間関係」、「ミスを想定し、カバーしあう約束」を日頃から確認し、いざ危機が訪れた際も日頃と同じように対応することができます。

人間の感情には複利効果と伝播効果があります。特に、不満やネガティブな感情については用心します。「あの人ってここが素晴らしいけど、ここはあんまり好きじゃない」といった陰口レベルの小さなものから、「このプロジェクトって、このやり方でいいんだっけ？」というプロジェクト全体についてのものまで、最初はちょっとした不満や疑問でも日々繰り返される中で雪だるま式に膨らむ様は複利と同じです。さらに、一人だけでなく、その不満や疑問を誰かに伝えることで、複利効果は2倍、3倍とどんどん広がってしまいます。プロジェクトでは、そういったネガティブな感情を迅速に解消していくことが大切であり、そのためには、「チームをゴールに向けて結束させる価値観を確認すること」を習慣化します。

●プロセス5：重要ポジションの定義

次に重要ポジションを定義します。

プロセス1のチーム設計、プロセス2の役割の設計を実施した今、どのチームのどの役割がプロジェクトにとって重要かがわかっている状態になっていると思います。計画通りに実施できないとプロジェクト計画に大きな影響が出るチームの役割や他チームで代替できない役割がそれにあたります。チームの作業遂行の指揮者であり責任者でもあるプロジェクトマネージャー及びその補佐役も重要ポジションとなります。各チームが計画に則って活動を進める中、突発事項の処理、計画から外れたタスクの支援といった計画外の対応を補佐役が担うケースが多くあります。

重要ポジションこそがプロジェクトの柱で、ここを担う人材がハイパフォーマーとして活躍することがプロジェクトの成功に不可欠です。そのため、重要ポジションに相応しい人物像を定義し、ハイポテンシャル人材をアサインし、活躍できるように支援し、環境整備を行うことがプロジェクトマネージャーの重要な任務となります。

●プロセス6：重要ポジションに求められる人物像

重要ポジションを定義したら、次に重要ポジションでの活躍を期待する人材の人物像を定義します。定義すべき内容は、ハイポテンシャル人材を見極めるための3要素として紹介した、知識、スキル、素養とその裏付けとなる経験です。

知識・スキルの定義は機能的な側面から導けるので比較的容易ですが、素養については特に慎重に考察します。タスクの難易度、関係者の多寡・多様性といったポジションの特性、チームの非機能的な要素などを加味しながら、素養を定義します。素養を定義する際は3つ程度の重要な素養に絞り込むことがおすすめです。あまり数が多いと見極めることも大変ですし、フォーカスがぼやけて評価がしにくくなります。本章の最後にハイポテンシャル人材として見極めるための質問リスト例も添付しています。

●プロセス7：重要ポジションを支える人物像

重要ポジションを支える人に求められる人物像を定義します。

複眼的に求められる人物像を描き出し、人物像に合致した人材に出会うべく走り回る必要がありますが、必ずしも全項目を充足するハイポテンシャル人材に出会うとは限りません。

この時に、人物像に完全にマッチしたハイポテンシャル人材に出会うまでアサイン調整を続けることも1つの選択肢ですが、一部合致してない人材をアサインするとともに、その人材を支える他の人材をアサインするということも選択肢となります。実務では社内・社外ともに候補者が限られ、予算も期限も制約のある状況ですので、後者の選択肢のほうが実用的です。

重要ポジションにハイポテンシャル人材を配置できたら、彼ら・彼女らを巻き込んで、自らを支えるポジションのアサインを一緒に進めることが望ましいです。

ハイポテンシャル人材を見つける質問

97ページ～101ページにかけて、私が活用している「ハイポテンシャル人材を見つける質問リスト」を添付しました。知識、スキル、素養の3つの要素とそれを裏付ける経験の具体的な質問が一覧になっています。ハイポテンシャル人材を見つけるためには、これをもとに面談を行い、1人ひとりの強みとサポートが必要な点を見極めていきます。

メンバーとの面談は可能な限り対面で行います。メラビアンの法則でも言われているように、人と人がコミュニケーションをとる時、言語情報が7%、聴覚情報が38%、視覚情報が55%の割合で、相手に影響を与えます。

面談の場は私たちがメンバーのポテンシャルを図る場であると同時に、メンバーが私たちを信頼に足る人物かどうかを見極める場としても機能します。率直で話しやすい環境であれば、より正確な情報をやり取りできますし、五感を通じて得た豊富な情報をもって決断できます。特に素養の部分は、話している言語情報よりも、その表情、声量や声色を通じて垣間見える、自信、素直さ、人柄と相まって感じられます。特に初対面の相手とは必ず会うようにしましょう。

◆ハイポテンシャル人材を見つける質問リスト

ケース	質問	狙い
経験全般を確認する	（要求経験について）最も類似の経験は何ですか？	類似を通じて要求経験を正確に理解しているかどうか確認する。
	どんな役割だったのですか？	そのときの立場を確認する。特に指示する立場なのか、指示を受ける立場なのかを確認する。
	具体的にどんな作業を担当したのですか？	実施したタスク（作業）を具体的に確認する。
	何が成果物（または成果）だったのですか？	期待されていたゴールを正しく理解しているかどうかを確認する。
	どのような手順で進めたのですか？	ゴール達成に向けてどのような手順を踏んだのか確認する。
	うまくできた要因は何だったのですか？	自分なりのコツや再現性を確認する。

	うまくいかないときはどんな理由だったのですか？	失敗時のリカバリー力を確認する。
管理者経験を確認する	重要な関係者は誰だったのですか？	指揮系統、組織構造を理解していたのか確認する。
	重要な関係者との関係性はいかがでしたか？	意図的に関係者との関係管理を行ったのかを確認する。信頼関係を重視している場合はプラス。
	重要な関係者との関係性の作り方を具体的に教えてください。	関係作りの具体的な手順、行動を確認する。
	関係者との相性が合わない場合はどうしましたか？	1対1以外の関係性の作り方を確認する。相手の上司など相手にとっての重要な関係者と関係性を作れるか、等。
	管理者の具体的な作業はどんなものでしたか？	実施した行動を具体的に確認する。管理業務（集計、状況把握など）に加え、ゴールや目的、計画をメンバーに理解させているか。
	ゴールや目的、計画はどのように設定したのですか？	ゴールや目的、計画作りで果たした役割を確認する。
	ご自分の貢献は何ですか？	管理者として果たすべき責任を理解し、達成に向けてのポイントを構造的に理解しているか確認する。
	うまくできた要因は何だったのですか？	客観的に自分の環境と活動を理解できていたのかどうかを確認する。人の貢献を理解しているか。
	うまくいかないときはどんな理由だったのですか？	客観的に自分の環境と活動を理解できていたのかどうかを確認する。

知識を確認する	（要求知識）について、（対象業務、業界、領域）において独特・特有と思える点を2～3点挙げてください。	表層的な知識があるのかどうかを確認する。 ※自分が有識者ではない場合は、有識者に近くにいてもらうのがベスト。
	他に（要求知識）について、（対象業務、業界、領域）において独特・特有と思える点を2～3点挙げてください。	中級程度（知見者と会話ができる程度）の知識があるのかどうかを確認する。 ※自分が有識者ではない場合は、有識者に近くにいてもらうのがベスト。
	独特・特有と思える点が、どうしてそのような構造になっているのか、例を交えて説明してください。	上級程度（知見者と議論できる程度）の知識があるのかどうかを確認する。 法令、慣習、発展過程といった外部要因、組織特性、経営体制といった外部要因から説明できればプラス。 ※自分が有識者ではない場合は、有識者に近くにいてもらうのがベスト。
	どのようにその知識を学習したのか教えてください。	知識を獲得した方法を確認する。 複数の書籍、学校教育、会社教育、自己学習、実務経験があればプラス。
	（要求スキルについて）どのような場面で最も発揮しましたか？	スキルの理解を確認する。
	効果的にそのスキルを使うためのポイントを3つ挙げて具体的に説明してください。	スキルを持っているかどうかを理解する。

スキルを確認する	準備で大切にしていることは何ですか？	スキルの習熟度を理解する。多くのスキルは事前準備が可能。事前準備を癖としているか。
	スキルを使っているときに気をつけているポイントは何ですか？	スキルの習熟度を理解する。習熟している場合は、スキルを使っている最中に効果的に使えているかどうかをモニタリングし、効果的でない場合は方向転換できる。
	スキルを使った後で特に留意する点はありますか？	スキルの習熟度を理解する。
	そのスキルはどのように習得されたのですか？	スキルを磨いた方法を確認する。実践に加えて、複数の書籍、上司の指導、自分の内省があるか。
	そのスキルの習熟度で「違い」を生み出せるとしたらどのような点ですか？	スキルの使用経験を理解する。スキルが有効に使われた場合とそうでない場合の違いが理解できれば改善できる。
	（要求マインドセット）について、自分はお持ちだと思いますか？	自己評価を確認する。次の質問へのステップ。
	どうしてお持ちだと思うのですか？（お持ちでないと思うのですか？）具体的なエピソードを交えながら説明してください。	マインドセットに対する理解を確認する。また、その具体的表出への認識を確認する。

素養（マインドセット）を確認する	どうしてそうしたマインドセットがご自身の中に根づいていったと思いますか？　きっかけを交えて説明してください。	マインドセットを自覚していたのかどうかを確認する。自覚している場合は、仮に発揮が不十分なときでも激励できる。
	そのマインドセットのある人、ない人と比較して生み出す違いとはどのようなものですか？	自己評価を確認するとともに、マインドセットの効果についての理解を確認する。
	そのマインドセットが発揮しにくい場面はありましたか？　その場合はどうしましたか？	「逆境にいる」という理解とそこでの対応を確認する。逆境でも発揮できるマインドセットは強い。
	「自分は運が良い」と思いますか？	経験をポジティブなものとして捉えられるかどうかを確認する。

●各質問への返答の傾向と対策

短い面談時間の中で、各要素にこの質問を網羅することは現実的ではありませんので、特に重要な要素に絞って深堀りします。ストーリーを聞いている中で、複合的な要素が使用されている場面もあります。

「経験」については、「経験している」といっても実際にはその経験内容や経験から得たものには大きな差があり、実際に解釈は大きくぶれます。経験の有無、期間だけではなく、経験の深さに注目します。例えば、実務を担っていたのか、主担当なのか副担当なのか、上司のサポートはどの程度あったのか、というあたりを具体的に確認します。

「知識」については、当該知識の資格を取得している場合は、一定程度の知識が担保されます。資格で判断できない場合は、知識の幅と深さを確認します。会計知識を例にとると、財務諸表に何が書いてあるか知っているのか、財務諸表から安定性の分析方法を知っているのか、ある取引について仕訳の仕方を知っているのか、という具合です。今回のプロジェクトに必要な知識レベルを設定して、概要知識や関連知識を説明してもらいます。プロジェクトマネージャー自身に該当知識が不足している場合は、有識者に同席してもらいましょう。

「スキル」の確認には工夫が必要です。スキルは知識と違って実践の中で発揮できるかどうかが大切です。最も評価しやすいのは実践している場面を見ることですが、なかなかそのようにはいきません。面談の場で確認する場合は、スキルが発揮されている場面を説明してもらいます。ファシリテーションなら会議運営、ネゴシエーションなら意見対立から解消のプロセス、合意形成であれば意見確認、合意案検討から合意確認のプロセス、チームワークであればチーム形成、観察、メンバーとのコミュニケーション、パフォーマンス評価あたりで確認していくのが良いかもしれません。

場面が設定できたら、場面概要、ゴール、成功要因、実施するプロセス、留意事項、失敗経験などを具体的に説明してもらいます。スキルが効果的に発揮されているかどうか、どのような水準で発揮しているのかを評価します。ここでも、プロジェクトマネージャー自身にそのスキルが不足している場合は説明を受けても判断・評価できないこともあります。その場合は、スキルを持っている人に同席してもらいましょう。
また、後述のようにリファレンスを取って確認するのも1つの方法です。

「素養（マインドセット）」は最も変化させにくく、最も確認が難しい要素です。素養は個人の背景や価値観をベースにしているため、素養の発揮の仕方や解釈が個人によって異なるケースが多いということもあります。

自らが自覚していることは説明可能でも、自覚していない無意識的なことは説明できませんし、素養が発揮されている時は、無意識的な面のほうが意識的な面よりも強力に作用します。

そのため、素養を見るには「説明ではなく行動を見る」ことが有効です。素養によっては一定の局面でないと観察できないものもあります。面談で見極めるのは容易ではないのですが、頻出の素養についてはヒントとなる質問の型を蓄積することをおすすめします。

例えば、「責任感」「粘り強さ」は代表的な素養です。本来確認したいのは、「困難にぶつかった時に逃げず、諦めず、困難を解消してやり遂げるか」ということですが、これを面談で確認するのは至難です。少し想像すればわかるかもしれませんが、責任感について質問されて、自分から「責任感には自信がありません」と回答されても判断に迷います。一方で「責任感には自信があります」という回答では「困難にぶつかった時に逃げず、諦めず、困難を解消してやり遂げるか」はわかりません。個別の質問よりも、実際に困難だった経験を説明いただき、困難さの度合い、その場で取った行動、その行動に至る経緯を確認したほうが有効です。

これらの質問はハイパフォーマー以外の「プロセス7：重要ポジションを支える人物像」の場合でも使えます。この場合、要求項目を多くしすぎず、要求水準を適切にできるよう、事前に関係者（重要ポジションへのアサインメンバー）と確認しておきます。

●候補者のリファレンス

提案された人材へ「ハイポテンシャル人材を見極める面談」を実施した後、可能であれば、次に候補者のリファレンス（推薦）を取ります。推薦といっても推薦状を取るのではなく、候補者の知り合い（上司や同僚、仕事上の知り合いなど）とコミュニケーションして、候補者評価の補助情報を取得します。特に重要ポジションのアサインの際にはできる限り取得します。

候補者本人か、候補者を提案した方に「この候補者の仕事ぶりをよく知っている人はいませんか？」と質問し、当該の人物に１０６ページ～１０７ページの質問を行います。もしも候補者がフリーランスの場合は、直接リファレンスとなる人物を教えてもらいます。

もちろん失礼にならないように質問していきますので、ある程度、聞き方は限られますし、深い質問をする際は「もう少し理解したいので○○について突っ込んでお聞きしてもよいでしょうか？」というように、丁寧に聞いていきます。リファレンスで確認したいのは、行動を通じて確認するスキル・素養になりますので、具体的に何を確認するかを事前に整理しておきましょう。

◆候補者のリファレンス質問リスト

ケース	質問	狙い
基本	どのような関係ですか？	関係性の濃淡を確認する。

		上司・部下というように直接関わっていない場合は直接関係の質問はしない。
経験・能力	(要求経験について)どのような経験を積んだのですか?	経験の内容を確認する。
	強みはどのような点にありますか?	経験を補強するような能力があるかどうかを確認する。
	どのような点が苦手ですか?	補強する要素を理解する。努力で解消できるか、組み合わせで解消できるかどうかを判断する。
	一緒に仕事をして、信頼できると特に感じるのはどんな場面ですか?	順境/逆境の適応力を確認する。
	どのような評判の方ですか?	周囲の印象を理解する。
	「仕事ができる/できない」を100点満点で表現すると、どのくらいだと思いますか?	関係者間の一般的な評価をきいているが、次の質問への回答を導くためのステップ。
	そのような高い点数になるのは主にどのような理由ですか? 2~3点教えてください。	周囲が強みと思っている印象を確認する。
	満点にならない(または120点を目指すために必要な)のは主にどのような点ですか?	周囲が課題と思っている印象を確認する。

自社社員を重要ポジションにアサインする

本章の最後に、重要ポジションのアサインの優先順位について説明します。最も優先したいのは、「経験のある自社社員」です。経験のある自社社員はまさにハイポテンシャル人材でハイパフォーマーとしての活躍を期待できる最優先候補です。過去に経験があるため、新しいプロジェクトでも活躍してもらえる可能性が格段に高いです。また、次世代人材の育成指導の面でも彼・彼女が持っている「経験知（経験したことで得た知識）」をプロジェクト内で波及させ、吸収できる機会とすることも可能です。また、自分の経験知を広めて部下育成を成し得ることで、プロジェクトに貢献できて、それが評価にもつながります。プロジェクトマネージャーは、そのための舞台設定を行います。

「経験のない自社社員」については、学ぶ力を伸ばし、未来のハイポテンシャル人材を育てていくという点が重要です。重要ポジションを支える人材としてアサインし、経験のある自社社員のかたわらで学べるように舞台を用意します。万が一、なんらかの理由で重要ポジションにアサインされたハイポテンシャル人材がプロジェクトから離脱した場合、代わりを担う第一候補になりえます。

経験のない自社社員をアサインする場合は、「可愛がってもらえる力」「応援される力」にも着目します。具体的には、挨拶する、メモを取る、「できません。なぜなら…」ではなく「やります！　でも、わからないのでやり方を教えてください」と答えるというあたりです。素直でひたむきな姿勢をもって貪欲に学ぶことで周囲に応援してもらえるようになりますし、周囲からの応援は本人の成長への決意を強めます。

中期的にはハードルの高い任務を与えます。本人が「今はできる感じは持てないけれど、ここまでやったらすごいよね」と思えるような任務です。周囲からは「難易度が高過ぎじゃないか？」と思われるかもしれませんが、「これまでやったことのないこと」に真摯に向き合う時間の中で、「このままじゃ届かないから、ハードルを越えるために何をすればいいんだろう」と自分で考えて行動し、成長が加速します。もちろん、恒常的な過負荷は避けますし、また心理的な負担感には配慮します。難しい任務をやりきることで、本人は自分の成長を実感し、また、自信を持ち、その姿勢によって周囲の敬意を獲得し、また周囲への刺激にもなります。

この場合、自社社員をサポートできるメンバーも配し、本人のコンディションを定期的に確認します。経験のない自社社員は1~2年の間に覚醒し、「次のハイポテンシャル人材」として活躍してくれるようになります。

協力会社社員を重要ポジションにアサインする

協力会社は、ユーザー企業側から見た自社以外のすべての企業や組織が該当します。ともにプロジェクトを行うベンダー、コンサルタント、エンジニア派遣会社、海外企業等です。

協力会社の社員を重要ポジションにアサインする場合は、メンバー本人の実力が最優先ではあるものの、メンバーが所属する組織が持っている様々な資産（経験知や情報）が活用できるかどうかも加味します。特に協力会社が大手であれば、より多くを期待できます。

アサインされた個人の知識・ノウハウ・データに不足があったとしても、所属している企業・組織内には過去に経験してきた組織としての知的財産が存在します。アサインされた人材がこれらの情報にアクセスすることで、プロジェクトがその情報を活用できるようになります。ベンダー企業の人事権はベンダー側にありますが、プロジェクトマネージャーはハイポテンシャル人材のアサインをリクエストできるような関係性をベンダー企業と構築します。

フリーランスを重要ポジションにアサインする

フリーランスはハイポテンシャル人材を支える存在として活躍してもらうことが望ましいと考えます。フリーランスという性質上、ご自分ひとりの力量をもってプロジェクトに貢献いただくことになりますが、あまりハードルの高いことをお願いしてもその人を追い詰めることになりかねません。1人の力で十分に貢献できる役割にアサインすることでパフォーマンス発揮を期待します。

第４章

チームを伸ばす

プロジェクトマネージャーのリーダーシップ

第3章でハイポテンシャル人材を見極めてアサインを進めてきましたが、ここからいよいよプロジェクトの実作業が進み始めます。2章で説明したように、ハイポテンシャル人材がハイパフォーマーとなるには「プロジェクトへの正しい理解」を持ち、「ゴール達成への強い意欲」を持ち、かつプロジェクト特性にフィットした「知識・スキル・素養」を兼ね備えていることが必要です。

プロジェクト特性にフィットした「知識・スキル・素養」を兼ね備えたハイポテンシャル人材をアサインした今、ハイポテンシャル人材をハイパフォーマーにしていくことが、プロジェクトマネージャーの腕の見せ所です。本章では「ハイポテンシャル人材に長く活躍してもらうための方法」を説明します。

最初の一歩は、「プロジェクトへの正しい理解」を育むことです。言い換えると、プロジェクトチーム全員が同じ目的とゴールを共有し、そのための自分・自分たちの持ち場を明らかにすることにあります。また、これは「ゴール達成への強い意欲」の基盤になるものであり、「プロジェクトへの正しい理解」なくして「ゴール達成への強い意欲」を醸成することはできません。

なんのためにこのプロジェクトがあるのか、このプロジェクトによってどんな変化を引き起こすのか、そして、これを自分たちの任務としての決意につなげることが最初のリーダーシップです。

リーダーシップと信頼関係

プロジェクトが長期になればなるほどプロジェクトマネージャーとハイポテンシャル人材は同じ時間を同じ目標のために過ごすことになります。お互いの貴重な人生の時間を共に過ごすのであれば、プロジェクトマネージャーとハイパフォーマーはプロジェクトでの活動を通じてお互いの人生への寄与を高めるような関係性を作ることで、双方の人生はより豊かで発展的なものになります。

その基礎となるのがプロジェクトマネージャーとハイポテンシャル人材との信頼関係です。プロジェクトマネージャーであるあなたは、彼・彼女が「このプロジェクトマネージャーがいるから自分はここにいる」と思ってもらえるような存在を目指します。

そして信頼関係を構築するために重要なのが、プロジェクトマネージャーのリーダーシップです。リーダーシップにも様々な研究があり、類型化もされています。

例えば、ダニエル・ゴールマンはリーダーシップスタイルを

①ビジョン型リーダーシップ
②コーチ型リーダーシップ
③関係重視型リーダーシップ
④民主型リーダーシップ
⑤実力型リーダーシップ

⑥　強制型リーダーシップ

の6種類に分類しています。『ビジョナリーカンパニー②』では、第1水準から第5水準のリーダーが紹介されています。

プロジェクトマネージャーも、場面や状況に応じてリーダーシップスタイルを変えていきます。例えば、ゼロからの企画に取り組む場合は、あるべき姿を指し示してその魅力による説得を図るビジョン型リーダーシップが有効かもしれませんし、プロジェクトの危機的な状況においてまず危機を脱するためには、強制型リーダーシップが有効なケースがあります。

一定以上の規模のプロジェクトでは、ハイポテンシャル人材にハイパフォーマーとして活躍してもらう、という点でサーバントリーダーとして振る舞う頻度が高くなります。サーバントリーダーシップは、ロバート・グリーンリーフが1970年に提唱した「リーダーである人は、まず相手に奉仕し、その後相手を導くものである」というリーダーシップ哲学で、サーバントリーダーは、奉仕や支援を通じて、周囲から信頼を得て、主体的に協力してもらえる状況を作り出します。

ＩＴプロジェクトでは、プロジェクトに関わるすべてのメンバーはなんらかの領域のプロフェッショナルです。特に重要ポジションに配されているハイパフォーマーは、多くの場合、プロジェクトマネージャーにはない知識、スキルを持って、プロジェクトに貢献してくれています。プロジェクトマネージャーはゴールに向かう不退転の決意を持ち続けるという点で強いリーダーシップを発揮しますが、プロジェクト活動の多くを占める1つ1つのタスクはハイパフォーマーがリードしています。そのため、プロジェクトマネージャーは、ハイポテンシャル人材を支援し、ハイパフォーマーとして活躍できるための環境整備を行います。

メンバーにとってのプロジェクトの意義

「プロジェクトへの正しい理解」だけでは、「ゴール達成への強い意欲」を醸成できるわけではありません。「プロジェクトへの正しい理解」はプロジェクトの大義、意欲の表側の源泉になりえますが、「ゴール達成への強い意欲」はより個人的な、自由意志を反映します。

同じプロジェクトに参画し、同じ目標に向けて活動する中でも、プロジェクト完遂が持つ深いレベルの意義はひとりひとりで異なります。それゆえ、プロジェクトマネージャーはハイポテンシャル人材との対話を通じて、プロジェクト完遂の意義をできる限り共通のものにしていきます。このプロジェクトが彼ら・彼女らにとってより魅力的なものになるようにするのは、プロジェクトマネージャーを中心とする関係者全員の共同作業です。

例えば、プロジェクトで積みたいと思っている経験はひとりひとり異なります。リーダーとしての経験を積みたいというメンバーもいれば、部下育成を行いたいメンバーもいます。新たな経験を積みたいというメンバーにとって、経験の幅を広げるチャレンジは魅力的な提案です。プロジェクトでの活躍を昇進につなげたいメンバーもいれば、金銭的な報酬を求めるメンバーもいます。

これまで繰り返し述べてきたように、プロジェクトチームは定められた目標を達成するために集まっており、「目標を達成すること」が最優先かつ第一義的な目的ですが、目標達成のためメンバーの意欲を引き出すこともプロジェクトマネージャーの仕事です。

そのため、プロジェクトマネージャーはプロジェクトに対して多様な期待を持つメンバーを理解し、プロジェクト活動をメンバーにとっての魅力的な場にするよう努力します。メンバーたちの多くはこのプロジェクトが終わったら次のプロジェクトに向かいます。このプロジェクトでしっかりとお互いを助け合える人間関係が作れれば、将来にわたってその関係が継続します。これこそがお互いにとっての人脈であり、その蓄積が財産となります。プロジェクトを超えた目線で見ると、関係者にとって現在のプロジェクトは次のプロジェクトや次のキャリアのための種まきの場でもあるのです。

想定外の事態を乗り越える鍵はメンバーとの信頼関係

個人の目線から見ればプロジェクトを通して培われた信頼関係は、プロジェクト後にも続く財産ですが、プロジェクトマネージャーの目線から見ればこのプロジェクトを成功させるという本来的な目的のためにも信頼関係は重要な役割を果たします。

ＩＴプロジェクトはどれだけ入念に準備・計画しても、なかなかその通りにはいかないものです。必ずと言っていいほど想定外の事態が発生します。想定外の事態と一言にいっても、その影響の大きさ、原因も多様ですが、稀にプロジェクト全体を危機に陥れる事態も発生します。プロジェクトマネージャーはあらゆる事態を乗り越えて、目標達成を目指しますが、このような時、問題解決のベースとなるのは、プロジェクトマネージャーとメンバー、とりわけハイパフォーマーとの信頼関係です。

法的な面で言えば、ユーザー企業とベンダー企業との関係の基礎には契約があり、共にプロジェクトの完遂を目指します。両者にとっての最良の結果は、計画通りのプロジェクト完遂であることは言うまでもありません。

しかしながら、ＩＴプロジェクトは、このような契約の締結はプロジェクトのほんの入り口に過ぎず、その完遂は容易なことではありません。例えば、基幹システムの再構築は、ユーザー企業にとって10～20年に一度の出来事というケースも少なくありません。

このようなプロジェクトの場合、ユーザー企業側に十分な経験者が存在しているということはほとんどありません。経験者が存在したとしても、彼ら・彼女らの持つ知見がそのまま通用するとは限りません。このように、ユーザー企業のメンバー不足が課題として浮上するケースがあります。

もちろん短期間でユーザー企業の経験者を増強することはできませんが、このような時にユーザー企業・ベンダー企業がそれまでの契約上の立場を超えて課題解決に協力していかないとプロジェクトの成功はおぼつきません。この例でいえば、ユーザー企業の人員不足への代替策として、ユーザー企業が担当するはずだった役割をベンダー側に移管し、そのためにベンダー体制を強化するための追加の契約を締結する、という対応をスピーディーに取ることがプロジェクトの成功確率を上げます。

想定外の事態を乗り切るためにも、仕事における部署間、会社間、個人間の関係の基礎として約束と契約をベースにしつつ、プロジェクトマネージャーとハイパフォーマーが信頼関係で結ばれている必要があるのです。プロジェクトマネージャーがハイパフォーマーから「この人は信頼に足る人物だ」と思われていれば、プロジェクトマネージャーが提案した内容はハイパフォーマーを含む関係者の協力を得やすくなります。

さらに「このプロジェクトマネージャーは私たちの頑張りに報いてくれる」と思われていれば、さらに大きな頑張りを見せてくれるかもしれません。このような関係性を作るためにも、「プロジェクトメンバーが何を望んでいるのか」を知り、その実現にプロジェクトマネージャーが力を尽くす価値は十分にあります。

メンバーの望みを知る質問リスト

では、どのような質問でプロジェクトメンバーの望みを確認していけばいいのでしょうか？　124ページ～127ページに質問リストを添付しましたので、こちらを活用してください。

プロジェクトメンバー、とりわけハイパフォーマーは既にプロジェクトに参画して、与えられた任務を理解し活躍しています。プロジェクトマネージャーは、このプロジェクトという舞台をハイパフォーマーの人生にとってもなるべく有意義なものになるようにします。

そのため、ハイパフォーマーを始めとするプロジェクトメンバーがこのプロジェクトに期待していることを知り、「何を望んでいるか」を深掘りしていきます。そして、今の置かれている状況、配属への期待値、将来への想いや不安、家族の状況も含めて理解して、手を打てるようにします。

多くの場合、望みと制約が入り混じっています。例えば「親の介護があるから残業ができない」「子供の送り迎えがあるので勤務時間を短くしたい」というのはプロジェクトにとっては制約のように見えますが、これらの制約を受け入れることによってプロジェクトメンバーは家族の中での役割を果たすことができます。

ここで重要なことは、望みが叶うよう努力することを伝え、まずは耳を傾けることにあります。一方で、勘違いしてはいけないことは、メンバーの望みのすべてを叶えることそのものがプロジェクトマネージャーの任務というわけではなく、ましてやそのような約束をすべきではありません。プロジェクトマネージャーにできることの限界を知り、できることに協力することが言行一致を生み出す誠実な態度です。

■メンバーの望みを知る質問リスト

ケース	質問	狙い
	この配属に期待していることは何ですか？　何を獲得したいですか？	社員の期待値を知る。学習機会、昇給機会、昇進機会、特定個人・組織との関係作りなどが想定される。 会社のルールとその運用の中で、どのようにしたらそれを実現できるのか、味方になって考える。

自社社員	
それを獲得したらどんな良いことがあると思いますか？	社員の期待値の深層を知る。夢や未来、好奇心、名誉心、家族からの期待、報酬などが想定される。最初から全部を言語化できる人は少ないので粘り強く確認する。
この配属で活かせそうな自分の得意分野は何ですか？	自己認識を確認する。実際に強みである場合は、それを最大限に活用する役割を与えて自信を深めるようにする。それほど強くない場合は、やや活用する役割を与えて育成と自信の醸成を行う。
この配属で不安に思う点はありますか？　ある場合はどんな点ですか？	自己認識を確認する。実務で確認しつつ、実際に弱い場合はチームメンバーのカバーなどで補強する。実際には弱くない場合は、多用しない程度の役割を与えて自信を深めるようにする。
（人事評価上の上司ではない場合）上司からの期待値は何ですか？	上司の期待を理解する。上司の期待を満たせるようにして評価を上げられるよう（下げられないよう）にする。※上司とも直接会話して期待値にズレがないことを確認する。
（人事評価上の上司ではない場合）上司が評価のときに気にするポイントは何ですか？	上司の期待を理解する。上司の期待を満たせるようにして評価を上げられるよう（下げられないよう）にする。※上司とも直接会話して評価のポイントにずれがないことを確認する。

	私（プロジェクトマネージャー）へ対して、全体的なリクエストはありますか？	言いにくい要求を聞き出す。家族の制約（介護、看護、出産、育児等）のため、残業は避けたい、リモートワークを活用したい、自分自身に健康問題がある、というプライベートな事情も押さえる。
協力会社社員	あなたがここに配属された期待はわかりますか？　それはどのようなものですか？	協力会社の経営層や管理職層の意思が本人に伝わっているかどうか、それが自分の意見とズレていないかを確認する。ズレがあれば是正するように協力会社の幹部と会話する。
	あなたの評価について、私が会話すべき方は誰ですか？ 組織上の担当の方と、実質的な影響を持っている人を教えてください。	自分の意思を協力会社の意思決定に及ぼそうとした場合の窓口を理解する。 協力会社の意思決定者（役員）やその人の懐刀のような影響力の強い方と関係を作る、その期待を叶えるようにする。
	協力会社に入社した理由、勤務を継続している理由を教えてください。	協力会社への帰属意識の強さを理解する。帰属意識が低い場合は協力会社の上司や組織からの影響を強くすることが難しいため、直接的な関係を強化するようにする。
	他は社員と同じ。 ・それを獲得したらどんな良いことがあると思いますか？ ・私へ対して、全体的なリクエストはありますか？	

フリーランス	
フリーランスになった理由を教えてください。	何を望んでいるのかを理解する（金銭報酬、自分の得意分野に集中できること、時間の自由度、上司がいない自由度、独立発展の最初の一歩、など）。この点を汲める場合は汲む。
仕事を受ける上で重視している点は何ですか？	優先順位を理解する（金銭報酬、自分の得意分野に集中できること、時間の自由度、上司がいない自由度、独立発展の最初の一歩、など）。この点を汲める場合は汲む。
この配属を継続するとしたら、どのような点が魅力ですか？	プロジェクトの魅力に感じている点を理解する。
この配属を終了するとしたら、どのような理由が考えられますか？	プロジェクトの不安に感じている点を理解する。
この配属で自分の得意分野が活かせないとしたらどんなことが理由になると思いますか？	プロジェクトの不安に感じている点を理解する。
以下については社員と同じ。 ・それを獲得したらどんな良いことがあると思いますか？ ・私へ対して、全体的なリクエストはありますか？	

●メンバーの力を引き出す目標設定

ハイパフォーマーはその活躍によって、プロジェクトの屋台骨を担ってくれています。プロジェクトの成功のためには、ハイパフォーマーとの対話を通じて、更なるパフォーマンス向上に向けた環境整備に取り組みます。ハイパフォーマーとの対話でプロジェクトマネージャーが最も理解すべきは、より深い本音につながるプロジェクトへの期待です。ここを理解することで、より魅力的な目標設定が可能になり、また、環境整備を進めることができるようになります。

深い本音を理解するための例として、自動車の運転免許の取得を考えてみます。

・目標1：自動車の運転免許を取得したい
・目標2：自動車の運転免許を取得して自動車を運転したい
・目標3：自動車の運転免許を取得したら自動車を運転して全国へ行きたい。地域の匂いを感じ、食材を味わい、自然の肌触りを感じ、夜は星を見る。生きていることに感謝したいこの3つの目標を比較するといかがでしょうか？ 心理学では、1．はターゲット（目標）、2．3．はメタターゲット（メタ目標）と言われますが、2．では自分の能力、3．は自分の人生の幸福とのつながりを直接感じています。

そして、1．よりも、2．3．のほうが目標達成の確率が高いと言われています。1．の場合、運転免許の取得そのものが目標になっていますが、2．3．の場合、脳は「自動車を運転したい」「地域の匂いを感じ、食材を味わい、自然の肌触りを感じ、夜は星を見る。生きていることに感謝したい」を目標として無意識的に認識するため、「自動車を運転するために免許を取る」ということはただの通過点であり、本当にやりたいことの前提条件に置き換わっています。全国を車で旅することをイメージすると「免許を取ること」はその遥か手前にあって、当然のように通過する（達成する）、と脳は認識します。

同じように、プロジェクトを成功させることだけを目標にするより、その先により魅力的な何かがあることを目標として設定したほうが、目標実現は格段に容易になります。ハイパフォーマーにとってプロジェクトの成功がどのような個人的な体験になり、将来にどうつながるかを具体的にイメージさせることで、彼ら・彼女らの目標達成の確率も上がりますし、それによってプロジェクトの成功確率も上がります。

もちろん、そのためにこなすべき具体的なタスクや役割は設定して日々確認しますが、その前提として「プロジェクト達成後」を目的地にして、彼ら・彼女らが個人的に魅力と感じる未来そのものを心理的な報酬としてイメージできる質問をしたほうが、持っている能力を発揮しやすくなるのです。

メンバーとの対話での4つのポイント

では具体的に、ハイパフォーマーを始めとするメンバーと対話する際に、どのようなところに気をつければいいのでしょうか。私が実践しているポイントがいくつかありますのでご紹介します。

●ポイント1：できるだけ1対1で行う

プロジェクトを超えた将来や個人的にこのプロジェクトに期待することについて、対話しようとするとパーソナルな内容にも踏み込むことになります。そのため、プライバシーに配慮して1対1で行います。

最初の対話で本音に到達できなかったとしても構いません。まずは「このプロジェクトマネージャーは私の将来まで気にかけてくれているんだ」ということをわかってもらうことが大切であり、時間をかけて、自分の将来を言葉にすることの抵抗を減らしていきます。

●ポイント2：開放感のある場所で行う

場所はどんな場所でも構いません。会議室でもよいですし、居酒屋やダイニングなど「食事の場」でもよいですし、カフェのような「お茶の場」でも大丈夫です。ただし、パーソナルな内容に触れることになりますので、周囲に聞こえないような配慮は必要です。また、なるべくカジュアルでリラックスできる場所を選びたいところです。

さらに、場所選びで気をつけたいのは「開放感のある場所」を選ぶことです。ダイニングやカフェであれば外席や屋上席のあるところ、室内でも吹きさらしや吹き抜けになっているような圧迫感がないところを選びましょう。会議室でも大きな窓があればそれだけでも解放感を得られます。逆に圧迫感がある場所はブレーキになってしまい、話が盛り上がりにくいのでできるだけ避けます。

●ポイント3：圧迫しないポジションを取る

いざ、場所を設定した後は、座る向きに気をつけます。正対して座ると、脳はお互いを障害物として認識して圧迫感が出てしまいます。できればL字に着席するようにし、もし正対する場合は、身体を斜めに向けましょう。そうすることで同じ方向を向きつつ、かつ相手を認識できるので、リラックスできて相手を仲間と認識しやすくなります。

会話をスタートさせるときも最初から質問をするのではなく、軽い雑談から入ります。話をしているときに目を見つめすぎると圧迫感を与えることがあります。時々ならいいですが、眉間や鼻あたり、人によってはネクタイの位置に目線を置いて視野を広めにぼーっと見るようにします。

●ポイント4：自分が「整っている状態」で対話する

最後は質問者＝プロジェクトマネージャー自身の状態についてです。

どれだけ相手が質問に答える意思があったとしても、質問者側が仕事に忙しくて上の空だったり、時間がなくてやたら早口になったり、心にダメージがあって落ち込んでいたり、不機嫌だったり、二日酔いで苦しそうにしているような状態ではよい対話にはなりません。その場にいることも嫌になるかもしれません。

大切なことは、プロジェクトマネージャー自身の心が整っている状態で場を設けるということです。最低でもフラットな状態、できれば、少し機嫌が良くて話しかけやすい状態が理想です。

相手の回答に自信があるのか／ないのか、思い付きなのか／深く考えているのか、表面的に取り繕っているか、本当のことを隠しているのか、声色や表情、話しているときの相手が前のめりなのかそうではないのか、斜に構えているか、相手のしぐさや振る舞いにも心を配ります。

プロジェクトマネージャー自身が整っていれば、ノンバーバル（視覚・聴覚といった非言語）なメッセージも気づくことができます。本音に近付くためには、最初の回答に対して「どうしてそうなりたいの？」「どんな人生がその先に待っていると思うの？」「自分や家族にどんなインパクトがあるの？」と深掘りしていく必要があります。パーソナルな部分に迫る質問は心理的な圧迫感を感じやすいので気をつけます。表情を緩める、ゆっくりとした口調で話す、呼吸を意識して相手のペースに合わせる、といったことを意図的に行うことで不要な圧迫感を避けられます。

望みを叶える舞台を用意する

プロジェクトメンバーの望みがわかったら、プロジェクトの中でその望みを叶える舞台を作っていきます。

舞台とは、そのプロジェクトにおける役割であり、彼ら・彼女らが力を注ぐべき力点のことです。注意していただきたいのは、ここでの役割は担当タスクとは異なることです。彼ら・彼女らにはそれぞれ与えられたタスクがありますが、これは実施すべき業務です。また、役割は「役職」とも違います。

ここでの役割とは責任の引き受け方と言えます。担当タスクを実施するだけではなく完遂までの責任を引き受ける姿勢・姿が周囲との関係性、周囲からの評価を変えていきます。例えば、なんらかの理由で担当タスクを期限内に完遂できなさそうな場合でも、遅延し事後報告になるのと、事前にリスクを報告しその対応を進めるのとでは、周囲が理解する「その人の役割認識」は大きく異なります。リーダー経験を積みたいのであれば、リーダーポジションにアサインするだけではなく、しかるべき関係者の前でリーダーとして振る舞うということがリーダー経験を積むということです。

舞台設定においては、自社社員、協力会社社員、フリーランスのそれぞれでプロジェクトマネージャーが介入できるレベルが異なりますので、留意します。

●自社社員の望みを叶える舞台を作る

自社社員の舞台を作ることは相対的に実現しやすいといえます。それは、自社の人事制度を前提に、ハイパフォーマーが評価を得られるような役割や関係性を設計できるからです。ただ、全般的に言えることですが、個々のメンバーが何を望み、何に課題を抱えているかはバラバラです。ある人は、作業管理で課題を抱えているかもしれませんし、別の人は交渉事で課題を抱えているかもしれません。また同時に部下育成を課題と思っているかもしれません。

その人が社内でより評価されるようになっていくときに求められるものが必ずあるので、

自社の人事制度に精通した上で、最低限、その課題を埋められるような役割を作っていきましょう。

●プロジェクトマネージャーが直接評価できない場合

人事制度上、プロジェクトマネージャーが直接ハイパフォーマーを評価できないケースもあります。評価者がプロジェクトマネージャーではないケースです。

そういうときはその人の上司や評価者と事前に話し「彼・彼女により高い評価を与えるために何が必要か」を確認・合意して、目標設定にも反映した上でそれを実現する方法を考えましょう。

多くの会社の管理職の役割の1つは部下育成です。そのため、部下に対しても育成力を強化したい、リーダーシップを発揮してほしい、統率力を磨いてほしい、計画性を向上してほしい、といった意見を持っているはずです。

また、プロジェクトマネージャーであるあなたがハイパフォーマーを「A評価」としたとして、彼ら・彼女らの評価者が「いや、B評価くらいだろう」と判断が分かれたような場合は慎重に対応します。あなたと評価者が認識している強みや課題、その根拠となる行動が違っているかもしれませんし、あなたとは濃淡のつけ方が異なるかもしれません。そうならないためにもプロジェクトマネージャーは評価者とも綿密に連携し信頼関係を構築する必要があります。定期的にコミュニケーションを取ることをおすすめします。

●協力会社社員の望みを叶える舞台を作る

協力会社の社員の望みを叶える舞台を作る場合でも、基本的には自社社員へのアプローチと同様です。ただ、協力会社は別の会社ですので、人事制度も異なりますし、評価のプロセスも異なります。

その際のポイントは2点あります。協力会社の評価基準を知ることと協力会社社員たちの上長や評価関係者と信頼関係を結ぶことです。

プロジェクトマネージャーにとって協力会社は外部にいる協力者ですが、協力会社から見ると自社はお客様でもあります。プロジェクトマネージャーの評価は「お客様の声」として影響力を持つことができますので、この意識を持って、ハイパフォーマーが協力会社内で評価されるにはどうしたらいいかを考えます。

具体的なやり方としては、アサインされたメンバーの評価者や上司に直接聞いてしまうのが手っ取り早いと考えます。プロジェクトマネージャーが高く評価している人材ということはプロジェクト遂行の実務能力が高いということですので、協力会社の社内でも待望されているケースが多くあります。その場合、その人材に対して、こういう経験を積んで、こういう視座を手に入れて、こう活躍してほしい、ということが議論されているはずですので、このような情報を集めることから始めましょう。プロジェクトマネージャーであるあなたがハイパフォーマーの望む経験、訓練、業績の獲得に応えることで、協力会社側の上司や役員との信頼関係も深められます。

一方、注意しておかなければいけないことは、評価制度や基準は会社によってかなり異なるということです。コンサルティングファームや大手SIerなどビジネスモデルに類似性があれば、評価基準にもある程度同じ傾向があるかもしれませんが、下請けとしてプロジェクトを支えてくれる協力会社の場合はまさにバラバラです。定量的な実績のみ評価される場合もあれば、スキル・能力に重点が置かれる場合もあります。評価基準が明示されていなくて、声の大きな上司に実質的な決定権があるというような場合もあるのです。

プロジェクトマネージャーはこのようなことを虚心坦懐に理解した上で、協力会社からアサインされたメンバーを評価する上司や役員にアプローチして協力関係を築きます。

●「企業同士の関係作り」もプロジェクトマネージャーの仕事

協力会社との付き合い方を考える上でプロジェクトマネージャーが理解しておかなければいけないのは、ハイポテンシャル人材をアサインしてもらうためには、その協力会社との関係性作りが重要である、ということです。

この考え方を実感するため、一度、視点を協力会社に置いて考えてみましょう。ある日本を代表する大手企業（ユーザー企業）がＩＴプロジェクトを企画していて体制作りを進めています。その一環で、協力会社で業績責任を持つあなたにもプロジェクト参画の打診がありました。ハイポテンシャル人材を提案すれば参画できそうですが、他のプロジェクトから外さなければなりません。そのプロジェクトは最近成長してきたメンバーの数人でカバーできそうですが引継ぎが必要です。また、わが社の将来のリーダー候補であるハイポテンシャル人材にはさらにチームを率いる経験を積んでほしいと考えていますし、また、その人材に指導される経験はメンバーにとっても魅力的なものです。

この例で考えると、協力会社にとっては以下のようなことが参画にあたっての重要な判断基準になります。

1．引継ぎの時間を確保すること

2．ハイポテンシャル人材にリーダーの役割をアサインすること

3．ハイポテンシャル人材のもとに数名のメンバーをアサインし、直接指導できるようにすること

他にも、収益性、成長分野の実績（テクノロジーや業界）、やりがい、人材育成環境、人脈なども判断基準になり得ます。

このように協力会社にとっても魅力的な環境を作り出すことで、ハイポテンシャル人材の人材やメンバーのアサイン、彼・彼女らへのプロジェクトのやりがい、価値の説明などを通じて、協力会社にもプロジェクトに貢献していただきます。このような関係を目指し、双方にとっての利益を実現することを協力会社の経営陣にも伝えて、持続的な協力関係を結んでいきます。協力会社の経営陣が「このプロジェクトに自社ハイポテンシャル人材をアサインすることで、プロジェクトも本人も自社もハッピーになれる」と思っていただける関係性を作ることもプロジェクトマネージャーの仕事になります。

●フリーランスの望みを叶える舞台を作る

フリーランスの望みを叶える舞台を作る方法は、相対的にシンプルです。

フリーランスは本人が「契約を含む意思決定者」であるため、直接「何が望みですか?」と質問するところから始められるからです。コミュニケーションすればするほどその人がどう感じていて、快適かどうか、望んでいるかどうかがわかります。「組織としての意思決定」の枠組みのようなものもないので、フィードバックもしやすいと言えるでしょう。フリーランスをハイパフォーマーにして長く活躍してもらおうとするなら、なるべく事前に望みを聞き、こまめ(月1くらい)に望みが叶っているかどうかを確認していくのが王道のやり方です。

ただし、本人にやる気があっても不慮の事故に遭ったり、健康を崩したり、家族に何かがあって仕事を継続できなくなる等、契約条件以外にも継続のリスクがはらむのがフリーランスの避けられない事情です。

第５章

不測の事態に備える

不測の事態に備える

不測の事態に備えることは、本書で取り上げるまでもなく、プロジェクト企画・プロジェクト管理の最重要要素の1つであり、プロジェクトマネジメントの標準と言えるＰＭＢＯＫでもリスクマネジメントとして詳細に取り上げられています。本書では、不測の事態のうち、人的側面であるプロジェクトメンバーに関わるものを取り上げ、実践的な対応を説明します。

人的側面における不測の事態は、広くミスマッチによって引き起こされます。2章でも述べたようにミスマッチは「ハイポテンシャル人材が期待のパフォーマンスを発揮できない**状況**」です。ミスマッチによって引き起こされるマイナスの状況とは、例えば、作業品質・成果物品質の悪化、課題の続発・解決の遅れ、進捗遅れ、チーム不和などがあり、特にプロジェクト管理機能が低下した場合は、これらの状況がタイムリーに把握できず、全体のプロジェクト運営にも支障をきたします。

もしミスマッチの発生がなくプロジェクトを完遂できたとしたら大変な幸運です。短期であれば短期なりの、中長期であれば中長期なりのミスマッチが発生します。しかしながら、ミスマッチの発生は単に不運というだけではありません。ミスマッチの渦中にあって苦しむメンバーを救い出す契機にもなりますし、うまく対応することでチームをさらに強くすることも可能です。

最も困難なのはプロジェクトの中核を担うハイパフォーマーにミスマッチが出るケースです。この場合、プロジェクトへの波及は甚大となり他のメンバーへの波及にも警戒する必要があります。優秀な人材であれば、他社や他プロジェクトからの引き合いも多いです。もしもハイパフォーマーが現在のプロジェクトや環境に不満を感じているなら、実際に他のプロジェクトに移るかどうかの主導権はハイパフォーマー側に移りかねません。それが自社社員であれば説得を含めてコミュニケーションを深めることも可能ですが、協力会社社員の場合はコミュニケーションにも限界があります。

2章でハイポテンシャル人材がハイパフォーマーとなるには「プロジェクトへの正しい理解」を持ち、「ゴール達成への強い意欲」を持ち、かつプロジェクト特性にフィットした「知識・スキル・素養」を兼ね備えていることが必要と言いましたが、ここでは、「知識・スキル・素養」起因（後述パターン1〜2）、「周囲との関係性」（後述パターン3〜5）、「心身のコンディションと環境の変化」（後述パターン6）を説明します。「プロジェクトへの正しい理解」、「ゴール達成への強い意欲」については、4章のリーダーシップを参照ください。

追い詰められないために

計画通りのパフォーマンスを上げられない可能性は多かれ少なかれ常に発生しています。プロジェクトに100人のメンバーがいたとしても、その100人が常にベストパフォーマンスということはありませんし、そのような見込みでプロジェクトを運営することは現実的ではありません。

プロジェクトマネージャーは個人のミスマッチにフォーカスするのではなく、プロジェクト全体として「目標達成に向かっているか」の観点、まずは、重要な働きが期待されているハイポテンシャル人材がハイパフォーマーとして十分に能力を発揮できているかをチェックします。

ミスマッチは予兆があることもあれば、突然顕在化することもあります。要因は様々ですが、少なくともミスマッチは常に発生するという前提で準備を整えないと、発生した時に有効な手を打てず、プロジェクトは停滞します。停滞が長引くことになると、チームの目標達成は危ういものとなり、最悪の場合はプロジェクトを再計画することになります。プロジェクトの再計画をどの段階からやるかはフェーズの進捗によりますが、ほとんどの場合は、プロジェクトを一時凍結しますので、当初計画からの大きな後退は避けられません。スケジュールにもコストにも甚大な影響を及ぼします。

ハイポテンシャル人材が見つからない、ハイポテンシャル人材が期待通りに力を発揮できない、他の人材とのチームワークが悪い、ハイパフォーマーが抜けてしまう、いずれの場合でも、プロジェクトマネージャーとして困るのは「取りたい選択肢」が少なくなっていく、あるいは、まったくない、という事態です。違う言い方をすれば、「取りたくない選択肢」だけが残されているのです。通常の場合、最初から除外している選択肢があります。例えば、前述したプロジェクトの再計画以外にも、プロジェクトの中断や凍結、プロジェクトマネージャーの辞職という選択肢は残っています。厳密に言えば、プロジェクトマネージャーにとって、選択肢がなくなるということはないのですが、このように普段の思考からは除外するくらいに「取りたくない選択肢」だけになることが、追い詰められるという状況です。そして、プロジェクトにおいてこの事態は発生しうるのです。それゆえ、プロジェクトマネージャーは何が起こると追い詰められることになるのかを想定し、少しでもマシと思えるような、不幸中の幸いと思えるような選択肢を頭の片隅で考え続けなければなりませんし、よりよい選択肢を増やし続けなければなりません。

本章ではそのための対策についてお伝えしていきます。

ミスマッチの代表的なパターン

では現実に、ミスマッチはどのような要因で発生するのでしょうか？

それは、チームとしてのパフォーマンスがメンバーの能力はもちろんのこと、メンバー間の人間関係、チーム外の関係者との人間関係、プロジェクトマネージャーのリーダーシップと各メンバーとの信頼関係、メンバー個人のコンディションといった様々な要因に依存しているからです。ここではこれらの要因について説明します。

●パターン1：必要能力の見誤り

1つめのパターンは必要能力の見誤りです。人材アサインをアサインする際に、あるポジションに相応しい人物像を知識、スキル、素養として表現しましょう、とお伝えしました。

この人物像に誤りがあった、というパターンです。特に、人物像の定義をプロジェクト開始前に実施する場合は、プロジェクトの実態把握が不十分な中で実施しているため、過誤が生じやすくなります。

例えば、要件定義について、業務部門のヒアリングを主要インプットとして進めようとしていたのに、他社事例や先行事例を要求される、というようなことがあります。ヒアリングスキル、ファシリテーションスキルを重視して人材をアサインしたのに、他社事例などの知識や調査スキルが要求された結果ミスマッチが発生する、等です。

●パターン２：保有能力の見誤り

次のパターンは、必要能力の見極めは正しかったがアサインした人材の保持能力を見誤ったというケースです。能力やスキルがあると思っていたのになかった、できると思っていたのにできなかった、というパターンです。このパターンは最も多く発生します。

実際にあった例としては、ＰＭＯポジションへの人材のアサインがあります。このポジションについて、ＰＭＯ経験の長い候補者を面談しハイポテンシャル人材としてアサインしたところ、作業の1つ1つはなんとか実施できているものの、期待よりもだいぶ長い時間をかけていて、後ほど確認したところ2つのスキルが不足していました。

1つはGmailの使い方がわからなくて使いたい機能を探すのに時間がかかってしまっていたこと。何回か使い方を説明したものの結局Gmailには慣れていただけませんでした。もう1つは議事録の作成です。チーム内のカジュアルな議事録の作成をお願いしたときにも長く時間をかけていて、作成手順を確認したところ、ノートに筆記でメモを取った後、PCで清書するという手順を取っていました。そのプロジェクトでは、カジュアルな議事録は、会議中リアルタイムで草稿をPCで作成し、会議直後に出席者に回送して内容を確認していたのですが、それができなくなり、議事録確認のスピードを上げることができませんでした。PMO経験者なら、「メール利用」「リアルタイムのタイピングスピード」はできて当たり前と思い、スキルチェックを怠ってしまいました。

こちらは極端な例ですが、なんらかの知識・スキル・素養が足りないということは往々に発生する、そして最も備えるべきミスマッチです。

●パターン3：メンバー間の関係性

3つめはメンバー間の人間関係です。プロジェクトメンバーは全員プロとして参画しているため、感情的に好き・嫌いというレベルでの関係性が悪化するということはあまりありません。プロジェクトで人間関係がこじれるポイントは、敬意を感じられない場合と、仕事のスタイルが違う場合です。いずれについても、1つ1つは細かい点ですし、気にならない人には気にならないのですが、発生するたびに不快と感じて、それが継続すると良好な人間関係を維持できなくなります。

敬意を感じられない、というのは、馬が合わないとも言えます。代表的な例は言葉遣いです。例えば、上から目線の言葉遣い、相手の話を遮って話すなどもそうですし、他にも、心理的な距離感の違いなどもあります。ある人は距離感を縮めるためにそれほど親しくないうちからカジュアルな言葉を使い、プライベートに踏み込んだ話をすることもありますが、そういう対応を快く感じない人もいます。

仕事のスタイルが違う場合は、例えば、朝型か夜型か、定時で帰りたいか残業歓迎か、対面かリモートかというようなことです。それぞれ、どちらが良い悪いということではないのですが、相手への説明や理解が足りないと不信につながることがあります。他にも、仕事の進め方の違いでも相手への理解が足りない場合は同様の不信感につながることがあります。例えば、一気に吐き出したい、1つずつ確認していきたい、という違いもあります。前者のような上司であれば必要なことをバーッと一気に話して「わかったね？」と他のメンバーたちに問いかけます。メンバーがわからないことを整理している間に上司は別のトピックに進みます。その後、作業が遅れると「どうして遅れるの？ 説明したよね。なぜその時に質問しないの？」という指導を受けることになり、メンバーには不満がたまります。

●パターン4：チーム外の関係者との関係性

4つめはチーム外の関係者との関係性についてです。

他社・他部門などプロジェクトチームの外側の関係者との関係性が、社風や部門による文化の違いや部門のコンディションによって左右され、ミスマッチを誘引することはあります。

社風の違いは、ユーザー企業とベンダー企業の間にも発生しますし、ベンダー企業と協力会社やフリーランスの間でも発生します。各社にはそれぞれが培った固有の風土、明示的・暗黙的な諒解事項があります。わかりやすいところでは、肩書や名前の呼称。上司・部下や先輩・後輩との関係性や言葉遣いなどが挙げられ、また、暗黙的な部分としては根回しの要否、資料送付や議事録回付の段取りやタイミングなどがあります。1つ1つの良し悪しはないのですが、社風によっては、失礼と感じることもありますし、場合によっては、効果的とは思えない仕事の進め方、と映る場合があります。プロジェクト開始当初は留意していても、プロジェクト開始後のメンバー増員・交代といったタイミングでの発生はミスマッチを誘引することがあります。

部門のコンディションは、メンバーの配属元である各部門の状況のことを指しています。典型的なのは、プロジェクトに兼務でアサインされているメンバーが部門の都合で時間を取られてプロジェクトの役割を十分に果たせないというミスマッチです。部門の通常業務を抱えながらのプロジェクト業務ですので、時間配分はどうしても難しくなりがちです。特にプロジェクトにアサインされるのは、部門を代表できる有識者、優秀な人材であるため、部門としてもその代替が難しくなりがちです。対策としては、部門業務の繁忙期が事前にわかっていれば繁忙期にプロジェクト作業を計画しないということも有効ですし、事前にわからない場合は、タスク実施のスケジュールを調整するという苦しい対策を迫られることになります。

●パターン5：プロジェクトマネージャーのリーダーシップと信頼関係

上記1～4のパターンもプロジェクトマネージャーに起因していますが、5つめは特にリーダーシップや信頼感に起因します。

プロジェクトマネージャーがプロジェクトのゴールやゴール達成までの道筋についてプロジェクトメンバーに的確な説明ができていない場合、あるいは、プロジェクト計画が頻繁に見直される場合やハイパフォーマーたちからの質問・疑義に対して十分答えられない場合、プロジェクトマネージャーはメンバーから十分な信頼を得られないことがあります。このようにプロジェクトマネージャーのリーダーシップが弱いケースでは、メンバーの意欲も減退しミスマッチを発生させる可能性があります。

プロジェクト開始時、プロジェクトの目的、ゴール、進め方、体制、予算などが明確に定義されていたとしても、プロジェクトが進行していく中で、ゴールが変化することがあります。例えば、採用する予定だったテクノロジーが採用できなくなる、プロジェクト期間中に組織再編などがあってスコープが変化したという場合です。この場合、プロジェクトマネージャーはゴールを再定義して作業計画を更新し、プロジェクトオーナーの承認を得る必要がありますが、変更が承認されるまでの時間が長くなるとメンバーは作業実施を躊躇するようになります。

●パターン6：心身のコンディションと環境の変化

6つめのパターンはプロジェクトマネージャーを含む関係者全員に発生する可能性があります。心身や環境のコンディションに変化があると、良好なパフォーマンスの継続が難しくなることがあります。

心身のコンディションとは健康状態です。事故・病気など重大な問題が発生した場合に加療が最優先になるのは言うに及ばず、疲れや予兆のタイミングでも休養が必要なこともあります。昨今は精神面の医療研究も進み、この面の配慮が欠かせなくなっています。時事通信の医療ニュースサイト『時事メディカル』の2022年5月の記事によると、日本の精神疾患患者数は約420万人にのぼります。単純計算で人口の2.7％にあたる方が精神疾患で苦しんでおり、もはや職場での日常の風景と言っても過言ではありません。

環境の変化は、本人も含めた周囲や家族の環境の変化です。典型的なところで言えば、結婚、出産育児、介護などです。出産育児、介護のための休暇取得や勤務時間の短縮は、社会的要請であり、政府・自治体の政策でもありますが、それ以前に、家族の安定・安心のために果たすべき家族一員として務めとも言えます。

プロジェクトマネージャーとしては、プロジェクトの中核として活躍しているハイパフォーマーがこのようなコンディションの変化によって当初の計画通りに活躍できない状況になってしまうことも想定して備えることが必要です。

ミスマッチへの4つの備え

前節に記載したようにミスマッチは様々な要因で発生し、またその要因はプロジェクトマネージャーはもちろんメンバー自身もコントロールできないものも含まれるため、ミスマッチはいつ発生するかわかりません。そのため、常に発生しうるものと想定して対策を講じる必要があります。

具体的には主に以下の5つの対策を組み合わせます。

1．プロジェクトマネージャーのパフォーマンス改善

プロジェクトマネージャーは、プロジェクト、プロジェクトチームに全責任を負っています。ミスマッチを招いた自らのパフォーマンスに向き合い、改善しなければなりません。

2．サポート

他メンバーたちの支援によって当該メンバーの役割遂行をサポートします。役割を遂行するにあたって足りない知識・スキルについて、それを保有する上席、補佐役、メンバー、その他から補完してもらいます。

3．**育成**

当該メンバーが役割を遂行するにあたって足りない知識・スキル・素養を習得できるように支援します。多くの場合は、サポートと組み合わせます。

4．**役割変更**

当該メンバーが遂行しきれない役割に変更を加えます。プロジェクト内の他メンバーと役割を交代したり、役割の範囲を縮小して、当該メンバーが保有する知識・スキル・素養をより活かせるようにします。

5．**交代**

当該メンバーがアサインされている役割に求められる知識・スキル・素養について、より高いレベルで保有しているメンバーと交代します。

このうち、どれを選択するかは、「プロジェクトの状況」、「そのポジションの重要性」、

「代替可能性」によって変わりますし、サポート、育成、役割変更は組み合わせるケースがほとんどです。

プロジェクトマネージャーが「追い詰められる」のは、ある状況において魅力的な選択肢がなくなる、取りたくない選択肢しか残っていない時です。メンバーにミスマッチが発生したその時、選択できる選択肢を準備しておくことがミスマッチへの備えとなります。プロジェクトに余力があるときこそ、その余力を使って選択肢を作る活動を進めます。余力があるうちに魅力的な選択肢を作り、適切なタイミングで選択し、さらに余力を生み出せるような状態を作る続けることが理想です。

●まずは自分から

プロジェクトマネージャーは、プロジェクト、プロジェクトチームに全責任を負っています。そしてメンバーのアサイン、役割設定などプロジェクト運営における大きな権限を与えられています。どんな内容のミスマッチであれ、ミスマッチが発生した原因、ミスマッチが生まれた経緯の中にある自らの判断ミス、振る舞い、認識不足、コミュニケーションミス、そして油断に向き合います。

ミスマッチが発生している以上、自らの中になんらかの原因があります。今後のプロジェクトのためにも、自らのためにも、そしてメンバーのためにも、プロジェクトマネージャーは自らを改善することは避けて通れません。プロジェクトマネージャーの意思決定はプロジェクトのために最善と信じるものではありますが、一度、誤りに気づいたら、正すことが重要です。

●当たり前のサポート

メンバーになんらかの知識・スキルが不足している場合には、メンバーがハイパフォーマーになるまでは必要なサポートを得られるようにします。プロジェクトはその性質上、メンバーにとっての「新しい何か」が常に存在します。

例えば、プロジェクトの目的やゴールが似たようなものであった場合、業務、テクノロジーに関する知識、実施タスクに求められるスキルに類似性があったとしても、プロジェクト内外の関係者、組織関係、人間関係、スタイルは異なります。これが遠因となり、以前のプロジェクトでハイパフォーマーだったメンバーでも同じパフォーマンスを発揮できないことがあります。もちろん、どのような環境でも自力で乗り越えてハイパフォーマーとなるメンバーもいますし、過去のプロジェクトで苦労していたメンバーが水を得た魚のように活躍することもあります。メンバーの高いパフォーマンスをイメージし、コミュニケーションし、期待することはプロジェクトマネージャーの重要な役割の1つですが、同時に、「そうならなかった場合」に備えなければなりません。そのような時に足りない部分を適切に補完するサポートは最もベーシックな対応であり、サポートを通じてキャッチアップや育成も進めます。

●プロジェクトマネージャーの喜び、そして腕の見せ所、育成

育成はサポートと同様、メンバーに知識・スキルが不足している場合に日常的に活用します。ほとんどの場合は、サポートと併用し、メンバーはサポートを得ながら知識・スキルを習得していきます。

役割遂行に必要な知識・スキル・素養と、メンバーが保有している知識・スキル・素養とのギャップが大きい時、例えば、類似プロジェクト未経験のメンバーを起用する場合や類似プロジェクトは経験していても異なる役割にアサインされている場合には育成の要素がより大きくなります。このような場合は、習得する知識・スキル・素養の優先順位や習得方法（研修、書籍参照、OJT）を検討し、計画的な育成活動を進めます。この場合の育成活動は、プロジェクトの計画を前提に進めていきますので、その分だけ戦略性が高くなります。具体的には、3つの観点からの環境整備が必要です。

まず1つめは、プロジェクト活動に余力を持たせて人材育成活動と両立させることです。プロジェクトマネージャーの使命はプロジェクトを成功させることにありますので、まずは人材育成活動の余力を作り出します。プロジェクトのタスクと必要工数、予算措置、メンバーのパフォーマンスの立ち上がる時期などを見極めてメンバーがハイパフォーマーになれるように育成しつつ、計画通りに進まないリスクにも備えていきます。

2つめはメンバーが活躍するために習得すべき知識・スキル・素養が明確化され、習得までの道筋が共有されていることです。知識・スキル・素養の習得やレベルアップには段階があり、また、習得のスピードは人によって様々です。一般的に、知識であれば、知識領域ごとに基礎・応用・発展という段階があり、その基礎が備わっているかどうかで発展・応用のスピードは異なります。スキルであれば、スキルごとに、基礎的なことを知っている、実践したことがある、何度も繰り返している、自然に他スキルと組み合わせて発揮できる、という段階があります。素養を対象にできることはサポートとの違いです。素養は「個人のマインドセット（価値観、考え方）から生み出されるものごとの捉え方や姿勢」と申し上げましたが、「ある環境での報酬体系」を背景に持っています。過去の経験が通じなくなる環境で「違う環境での報酬体系」を考える機会にもなります。このプロジェクトという過去とは異なる環境で、ハイポテンシャル人材がハイパフォーマーになるという経験を通じて素養を進化させることも期待できます。

プロジェクトマネージャーはこのメンバーがハイパフォーマーになるにあたって、何が足りないのか、どのように習得するのか、どのような時間軸が必要かについて、メンバーの意思や周囲の意見を参考にしつつ、実施に値するかどうかを決定していかねばなりません。

３つめはメンバーが成長に向けた決意を持っていることです。育成というと教える側が主導している印象が強く聞こえますが、ハイポテンシャル人材でも自分に足りないことを習得しハイパフォーマーとして活躍するまでには一定の時間がかかります。この時間を短くするためには、メンバーの成長への決意は不可欠です。人材の成長・育成は啐啄同時《そったくどうじ》。本人と周囲が心を1つにして打ち込むことで急角度の成長を実現できます。

プロジェクトマネージャーは、適切に応援してあげることが求められています。激励したつもりだったのに叱責として受け取られてしまったり、同僚の嫌味だったのに逆に奮い立ったり、声には様々な効果があります。メンバー同士の会話、上司の一言、メディアの論調、家族との会話など、何気ない言葉であったとしても、心の中で何度も再生されます。「自分に足りないものがある」という認識は大きな武器になりえます。「それを身に付けて成長するんだ」と思えればそれが決意です。

人材育成はあらゆる組織にとっての重要課題です。この先も当面続くと思われるＩＴ人材の需要過多の状況下において、人材育成や成長への要請は強まることはあれ弱まることはありません。プロジェクトマネージャーにとっても、プロジェクト運営を通じた人材育成は、ユーザー企業からもベンダー企業からも協力会社からも期待されている重要な役割になっています。育成を念頭に置いたチーム運営をするのであれば、最初から余力のある要員計画と予算計画を要求することも必要です。

●より得意を発揮できる役割へのシフト

あるメンバーが役割を遂行するにあたって、得意なこと、不得意なことがあり、不得意なことの解消が困難な時は役割変更を検討します。この場合、不得意なことを他メンバーに担当してもらい、メンバー本人は得意なことに集中できるようにします。これは、特にメンバーが代替しにくい知識やスキルを持っているにも関わらずそれ以外の面で不得意が目立っている、という局面で有効です。

●よい未来につながる結果を信じて、メンバー交代

ミスマッチの中でも「パターン6：心身のコンディションと環境の変化」の場合は早急にメンバーの交代を進める必要があります。また、それ以外の場合でも、サポート、育成、役割変更で対応できないと判断した場合は、メンバー交代を進める必要があります。

メンバー交代の難しさの1つはそのリードタイムです。実際にメンバー交代に至るまでに

後任メンバーのアサイン、引継ぎが必要になるため数週間から数か月のリードタイムが必要になります。メンバーにミスマッチの兆しを認めた場合、サポート、育成、役割変更の手を打ちますが、同時にミスマッチが解消されないことを見越して後任メンバーの確保を進めることで、交代の決定から実施までの期間を短縮します。これも魅力的な選択肢を作る努力の1つと言えます。特にプロジェクト初期では、多くのメンバーにミスマッチの可能性があるため、オールラウンダーを中心とした代替要員の確保を進めます。

メンバー交代を決定したら速やかにメンバー本人を含む関係者に通知し、引継ぎ計画を作成し、引継ぎを進めます。引継ぎを進めたとしても、前任のアサイン期間が数か月を超える場合はすべての詳細引継ぎは難しいので、周囲のメンバーでサポートする体制を作ります。

メンバー交代はプロジェクトマネージャーもメンバー本人も望むものではないかもしれませんが、交代したメンバーが他プロジェクトで活躍する、本プロジェクトもよりスムーズに進行することも多くあります。プロジェクトマネージャーは交代したメンバーの得意・不得意やパフォーマンスを発揮するために必要な環境などを本人にフィードバックし、関係者に共有することで、交代したメンバーが他プロジェクトで活躍することに貢献することができます。

ミスマッチへの備えはプロジェクトマネージャーにしかできない仕事

高名なサッカー指導者の講演会でその指導者は言っていました。

「どんな中心選手であっても外さなければいけない日が来る。その日がいつなのかは誰にもわからないけど決断するのは自分。誰かに言うわけではないけど腹の中にはいつも選択肢を持っていた」――身震いしました。

その指導者ほど目立つプレッシャーや注目度はないものの、その心構えには共感できるところがあります。ハイポテンシャル人材が活躍できるように手を尽くす、これはプロジェクトマネージャーとしては当然ですが、同時に様々な理由でミスマッチになる可能性がゼロにならない以上、それに備えるのもプロジェクトマネージャーの仕事です。

選択肢を作ることは一見遠回りです。選択肢を作ってミスマッチに備えていたとしても、実際にその備えに頼らずに済むことがほとんどです。しかしながら、プロジェクトのミスマッチが顕在化しその影響が波及した場合、わずかな期間のうちにプロジェクトは危機に陥ります。この選択肢を作る一手間を判断することこそが、プロジェクトマネージャーが果たす重要な役割です。

みなさまのプロジェクトの成功を心よりお祈りしています。

あとがき

最後まで読んでくださり、ありがとうございました。

本書では「社内・社外でハイポテンシャル人材を見つけ、プロジェクトのハイパフォーマーとして活躍していただくこと」について、プロジェクトに関する書籍ではあまり語られていない、マルチステークホルダーの環境下におけるチームビルディングについてお話ししてきました。

どのようなプロジェクトもそれを実行するのは「人」です。一人ひとりには、様々な違いがあり、ライフステージに代表される変化があり、お互いの関係性があります。

以前と比較して、ハイポテンシャル人材＝ハイパフォーマーという公式が成り立ちにくくなっています。ハイポテンシャル人材を中枢に配置することさえできれば、ハイパフォーマーとなって、チーム全体がプロジェクトの成功に向かって進んでいくわけではなくなってきています。社会環境、テクノロジー、事業内容の変化が速く激しくなっている昨今では、ひとりの優秀な人材がすべてを知っていることを期待することは難しいですし、仮に今は知っていたとしても次のプロジェクトでは通用しなくなっているかもしれません。昨今のプロジェクトの要員計画は、プロジェクトの実態に合わせてよりダイナミックに更新し続けることが求められ、その背景には、ハイパフォーマーマネジメント、ミスマッチマネジメントの巧拙があります。

是非、皆さんに「今のプロジェクト」を成功させていただきたいと考えて、筆を執りました。個人のキャリアとしてのプロジェクト成功の重要性は既述の通りですが、人材の流動化が進むＩＴ業界が真に世の中に貢献する産業であり続けるためには、どんな環境でもプロジェクトを成功させられる、レベルアップした人材が活躍することが大切だと信じています。

最後に本書にご協力いただいた皆様に厚くお礼申し上げます。遅筆に辛抱強くお付合い頂いた編集の高山さん、大倉さん、フィードバックや校正にご協力頂いた山本行道さんを始めるとする同僚の皆さん、旅先でＰＣとにらめっこする私を見守ってくれた娘と両親に深い感謝を捧げます。

塚原　厚

【著者】

塚原　厚

茨城県出身、筑波大学卒。
在学中にイギリス留学。卒業後アンダーセンコンサルティング株式会社（現アクセンチュア株式会社）入社。e ラーニングベンチャーを経て、2002 年に株式会社エル・ティー・エス設立に参画。同社取締役常務執行役員。同社子会社株式会社エル・ティー・エス ソフトウェアテクノロジー代表取締役社長。
20 年以上にわたってマネージャーを務め、自動車メーカー、自動車部品メーカー、総合商社、資源商社、小売、通信、クレジットカードなどの幅広い業界において、業務改革プロジェクト、IT プロジェクトを成功に導く。

チームの力を引き出す IT 指揮官
新時代で成功するプロジェクトマネージャーのチーム作り

2025 年 2 月 25 日　初版第 1 刷発行

著　者　塚　原　厚
発行者　延　對　寺　哲
発行所　株式会社 ビジネス教育出版社
〒 102-0074　東京都千代田区九段南 4-7-13
TEL 03(3221)5361(代表)／FAX 03(3222)7878
E-mail ▶ info@bks.co.jp　URL ▶ https://www.bks.co.jp

印刷・製本／モリモト印刷株式会社
ブックカバーデザイン／飯田理湖　本文デザイン・DTP／モリモト印刷株式会社
編集協力：廣田祥吾
落丁・乱丁はお取替えします。

ISBN978-4-8283-1107-4